Bergische Küche um 1900

Die Rezeptsammlung der Ida Wiese

Edition Köndgen

Edition Köndgen

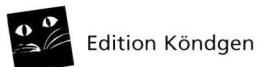

In der Edition Köndgen erscheinen Bücher und Geschenkartikel rund um Wuppertal, Schwelm und das Bergische Land. Die vielfältigen Facetten dieser Region werden darin lebendig präsentiert.

www.edition.koendgen.de

Bibliographische Informationen der Deutschen Bibliothek:
Die Deutsche Bibliothek verzeichnet diese Publikation in der Deutschen Nationalbibliographie; detaillierte Daten sind im Internet über http://www.dnb.ddb.de abrufbar.

1. Auflage 2008, Wuppertal
Deutsche Originalausgabe.
Mitgestaltung und Grafik: Daniel Pleger
Herstellung: Banholzer Mediengestaltung, Rottweil
Druck: Kessler Druck und Medien, Bobingen
Printed in Germany
ISBN: 978-3-939843-09-2

Liebe Leserin, lieber Leser,

mit der Überlieferung von Rezepten setzt sich ein Stück Tradition fort. Wer hat sie nicht, die Erinnerung an Familienfeste und besonders leckere Sonntagsbraten. Den Duft, der sich durch das Haus zog und das Wasser im Mund zusammenfließen ließ.

Edeltraud Kepper-Pleger verwahrt im Nachlass ihrer Familie einen besonderen Schatz: Über 150 Rezepte hat ihre Großmutter hinterlassen. Sie dokumentieren kulinarisch hochinteressant, wie man um die Jahrhundertwende des vorletzten Jahrhunderts, also Anfang 1900 im Bergischen Land kochte. Die Rezepte, die der Feinschmecker von heute hier entdecken kann, haben zum Teil ungewöhnliche wie auch reizende Namen – wenn da von den Süßspeisen „Errötendes Mädchen“ und „Wippelfritz-Wackelpeter“ die Rede ist, gerät man schon mal ins Schmunzeln. Aber auch ganz interessante Zubereitungsweisen finden sich hier, z.B. wie eine Salzlake zum Pökeln hergestellt wurde.

Das Kochbuch dokumentiert auf besondere und sehr persönliche Weise das Essen der einfachen Leute, wie auch die feine, besondere Küche.

Die Beyenburgerin Irene Wiese, die nach Diktat ihrer Großmutter Ida diese Rezepte in einer wunderbar lesbaren Handschrift aufzeichnete, hat ihren Kochkünsten damit ein unverwechselbares Gesicht gegeben.

So wird in ihren Rezepten und Serviervorschlägen für diverse Festlichkeiten ein Stück Lebenskultur vergangener Zeit lebendig. Und ihre sorgfältige Darstellung ermöglicht es uns auch heute, im Wuppertal des 21. Jahrhunderts ein Stück vergangener Lebenskultur aufleben zu lassen.

Beim Stöbern in den Rezepten, beim Nachkochen und beim Erinnern an Omas Küchenkünste wünsche ich Ihnen viel Spaß und dazu immer guten Appetit.

Thomas Helbig
Edition Köndgen

Wuppertal, im Frühjahr 2008

Vorwort des Herausgebers

Fotos und Erinnerungen

1889–1921 von Ida Wiese (1871–1949),
aufgezeichnet von ihrer Tochter
Irene Wiese (1912–1989)

Oben großes Bild: Beyenburg mit Stausee 1953.

Linke Bildreihe von oben nach unten: Ida und Fritz Wiese, 1926,
Irene Wiese mit Alfhild Erfurt 1919, Ida und Fritz Wiese mit Tochter Irene 1918
Irene Wiese 1926.

Unten Mitte: Irene Wiese 1915. *Unten rechts:* Irene Wiese 1923

Irene Wiese

„Tradition heißt nicht, Asche verwahren, sondern eine Flamme am Brennen halten“. (nach Jean Jaurès)

Dieser Ausspruch ließ mich nicht mehr los, als ich Mutters altes Kochbuch – eine fast 100-jährige Kladde aus der Papierfabrik Erfurt – in Händen hielt.

Nicht die berühmtesten Rezepte der Welt – von Starköchen kreiert – möchte ich vorstellen, sondern das kleine bergische Haus von Ida und Fritz Wiese, mit ihrer Tochter Irene in Beyenburg. Hier sehen wir die heimische Küche mit Delfter Kacheln, wo Ida das Regiment hatte, ihren Mann, der treue Fritz – so nannten ihn die Beyenburger – hatte neben einem großen Garten für den Ofen zu sorgen, damit er immer auf vollen Touren brannte: Holz, Eierkohlen und Briketts waren wichtig für die heiße Ofenglut!

Die Eheleute wurden gerne und oft besucht, was für die guten Rezepte meiner Großmutter spricht.

Ja Heimat, Heimat ist die Wiege von Kultur und Sprache, ist Tradition. Nie habe ich vergessen, woher ich kam. Und so treibt mich die Liebe zu meiner bergischen Heimat, zu meinem Beyenburg „Perle des bergischen Landes“ an die Arbeit.

Wie sagt man, wer sich selbst die Wurzeln abschneidet, der wird nach kurzer Zeit so uninteressant, wie eine Rose nach 3 Tagen.

Also – erinnern wir uns – ich, Enkelin von Ida, Tochter von Irene, die alte Kladde mit der mir doch so vertrauten und lieben Handschrift, über die meine Finger gleiten. Meine Mutter bekam im Alter von 9–10 Jahren unter der strengen Aufsicht meiner Großmutter die Rezepte diktiert, hatte Mutter sich verschrieben, wurde an den Zöpfen gezogen und es gab eine Nachschreibestunde.
Versetzen wir uns ins Jahr 1899, vor uns liegen die Rezepte, unverfälscht und im Original. Verändern möchte ich die Texte nicht, beim Lesen soll man spüren, mit welcher Freude gebacken und gekocht wurde zur Freude aller, die sich auf die Wurzeln des Ursprungs besinnen und ihre besondere, eigene Art erhalten, die immer noch am schönsten ist.

Edeltraud Kepper-Pleger

Ehrenurkunde

Irene Wiese

hat bei dem von den unterzeichneten Körperschaften veranstalteten Wettschreiben in der deutschen Einheitskurzschrift am 14. Oktober 1928 zu Barmen in der Abtlg. 60 Silben auf die Minute eine Redeaufnahme geliefert, die sich durch einen solchen Grad von Richtigkeit, Klarheit und Schönheit auszeichnet, dass sie und die dazu angefertigte Übertragung mit einem

1. Preise

bewertet wurde.

Dies bescheinigen
die unterzeichneten
Vertreter für die im
deutschen
Stenographenbunde
organisierten Vereine
und Verbände

Gesamtverband

rheinisch-westfälischer Stenographen

Der Vorsitzende: Der Wettschreibleiter:

Christes

Inhalt

„En deepen Teller on en gruaten Löpel“

– Bergische Küche –
festgehalten und aufgeschrieben
von

Oma Irene

Rezepte von 1899

Suppen

„Eten on Drenken hölt et Lewen aneen!“

Suppen

Eierstich f. 4 Personen.

1. Ei, 2 Eßlöffel kalte Milch, 1. Prise Salz werden gut verrührt, in einer mit Butter ausgestrichenen Obertasse in kochendes Wasser gestellt, wo er steif werden muß. Man sticht mit einem Teelöffel kleine Klößchen in die fertige Suppe.

Schwamm - Klöße.

60.-70. gr. Mehl, 50 gr. Butter, 1/8 l. Wasser, Muskat, 2 Eier. 4 Personen. Die Hälfte der Butter wird in kleinem Töpfchen heiß gemacht, das mit Wasser angerührte Mehl, Eidotter und 1 Prise Muskat beigefügt, und auf dem Herde gerührt, bis die Masse sich vom Topfe löst. Unter weiterm Rühren kommt die übrige Butter dazu, und wenn die Masse etwas erkaltet ist, der steife Eiweißschnee. Mit naßgemachtem Löffel sticht man kleine Klößchen ab und gibt sie in die Suppe, läßt sie kochen, bis sie schwimmen.

Eierstich.

2 Eier gequirlt mit einer 1/2 Tasse Fleischbrühe, den Topf in kochendes Wasser setzen. 1/2 Stunde langsam ziehen lassen.

Eierstich.

3 Eier gequirlt 1 1/2 Eßlöffel Wasser o. Bouillon.

Markklößchen.

50 gr. fein geschnittenes Rindermark vermischt man mit ebensoviel geriebenem Weißbrot ohne Rinde, und läßt es auf gelindem Feuer dünsten, dann rührt man ein Ei 2. Eidotter, Salz und Muskatnuß dazu. Dann noch soviel Mehl daß man lockere Klößchen formen kann.

Zwiebackklößchen.

Man rührt 1. Eßlöffel Butter zu Sahne gibt dazu 2 ganze Eier und Muskat. Hat man dies eine Weile gerührt, so fügt man nach und nach unter fortwährendem Rühren 4 gehäufte Eßlöffel Zwieback hinzu. Wenn man alles gut verrührt hat so rollt man kleine Klößchen davon auf, wozu man etwas Zwieback verwendet. Die Klöße werden alle zugleich in kochende Bouillon gegeben und nur einmal aufgekocht, worauf man sie zugedeckt an der Seite des Feuers ziehen läßt.

Schwemmklöße.

6 Eßlöffel voll feines Mehl quirlt man mit 2 ganzen Eiern und etwas Milch klar, läßt dann 70. gr. Butter zergehen. gießt das Eingerührte hinzu und rührt es beständig auf gelindem Feuer

bis es dick ist und sich vom Topfe ablöst. Nachdem die Masse unter mehrmaligem Umrühren kalt geworden ist, rührt man noch 3 ganze Eier und ein wenig Salz darunter, sticht mit einem Teelöffel kleine Klöße in kochendes Salzwasser und läßt sie 5 Min. sacht kochen. Sind die Klöße gar so werden sie mit dem Schaumlöffel herausgenommen und in die Suppe getan.

Fleischklößchen.

1/2 ℔ gehacktes Fleisch 2 ganze Eier, 1 eingeweichtes Brötchen, Salz, Pfeffer, Zwiebeln und etwas Mehl werden gut gemengt, zu kleinen Kugeln geformt und 10-15 Min. in der Suppe gekocht.

Griesmehlklöße.

Man rühre 75 gr. Griesmehl mit 1/8 l. Bouillon und einer Wallnuß dick Butter, über dem Feuer so lange bis die Masse ganz steif ist dann werden 3-4 Eier gequirlt, etwas Salz, Muskat, Mehl und noch etwas zerlassene Butter gut verrührt. Den abgekühlten Gries hinzu. Diese Masse wird tüchtig vermengt zusammen, und Teelöffelweise in kochendes Salzwasser gegeben und kochen lassen bis sie schwimmen, und beim Anrichten in die Suppe getan.

Klare Bouillon.

Bouillon mit Blumenkohl und Spargel, Suppengrün.
Bouillon mit Suppennudeln.
Bouillon mit Eiereinlauf.
Bouillon mit Reis und gequirlte Eier.
Bouillon mit Markklößchen.
Bouillon mit Eierstich
Bouillon mit Schwämmklöße.
Bouillon mit Griesmehlklöße.
Bouillon mit Fleischklößchen aber sehr klein.

An sämtlichen Suppen darf das Suppengrün nicht fehlen, wie: Möhren, Porree, Sellerieknollen, kurz vorher ehe die Suppe zu Tisch kommt, tut man feine gewiegte Petersilie hinein.

Suppenkuhn.

Man kocht sie mit Suppengrün, Sellerie, Möhren und Blumenkohl und Reis zur Suppe.

Reissuppe mit Sellerie.

150 gr. Reis 1½ l. Wasser, 50 gr. Butter, 2. Eier, 1. Knolle Sellerie mit Blättern, etwas Salz.

Porreesuppe.

1. Teller voll Porree, 1/2. Kohlrabi, 1/2 Sellerieknolle, 30 gr. Butter, 40 gr. Mehl, 1½ l. Wasser, Fleisch oder Knochenbrühe, Salz und Muskat nach Belieben.

Rumfortsuppe.

1/2 ℔ Erbsen, 1/4 ℔ Graupen etwas Reis, reichlich Suppengrün, 50 gr. Fett oder Butter, 1. Zwiebel, 1/2 ℔ Kartoffeln, Salz, 1. Eßl. gewiegte Petersilie. Die Erbsen werden durch ein Sieb gerührt die Kartoffeln in kleine Würfel geschnitten.

Kartoffelsuppe mit Schinkenknochen.

Die Kartoffeln werden durch ein Sieb gedrückt, Möhren, Sellerie, Porree, Petersilie, Salz, Pfeffer nach Geschmack, wenn nötig etwas Fleischextrackt.

Französische Zwiebelsuppe.

Man schneide kleine weiße Zwiebeln in Scheiben, schwitze sie mit Butter auf gelindem Feuer gelblich, lasse einige Löffel Mehl damit durchschwitzen, gieße kochendes Wasser hinzu, bis die Suppe semig ist würze dieselbe mit ein wenig geriebenen Pfeffer und Salz und richte sie über geröstetem Brot an.

Reissuppe.

Reis kochen in Wasser oder Knochenbrühe mit Butter, Salz angemacht und mit einigen Eiern abgezogen.

Griessuppe mit Wurstbrühe:

wird ebenso bereitet.

Haferflocken mit Rosinen.

Die Haferflocken werden gekocht durch ein Sieb gerührt, Zitronenschale und einige gestoßene bittre und süße Mandeln dazu, ein Stück Butter, Salz und Zucker hinzu und kleine Rosinen, und zuletzt mit Eiern abgezogen.

Haferflocken in Milch.
Tomatensuppe.
Milchsuppe mit Graupen.
Milchsuppe mit Gries.
Milchsuppe mit Sago.
Milchsuppe mit Mehlklöße.
Wassergriessuppe mit Rosinen und Butter.
Gebrannte Mehlsuppe mit Zitronenschale, und Bröckchen.
Milchreissuppe mit Zitronenschale.

Haferflocken mit Butter
geröstete Weisbrotwürfel.
Brotsuppe mit Bier oder Apfelwein
mit Schneeklöße.
Brotsuppe mit Milch und Rosinen.
Suppen von Hülsenfrüchten:
Erbsen, Bohnen u. Linsen.

Apfelweinsuppe.

1 Flasche Wein, 1/2 l. Wasser, 1 Stückchen ganzen Zimmt, Zitronenschale, Zucker nach Geschmack, 2. Eßl. Kartoffelmehl und ein 1/2 w Korinthen. Hierzu gibt man Haferzwiebäcke.
Kirschsuppe, Apfelwein und eine Stange Zimmt.
Biersuppe mit Kartoffelmehl wird ebenso bereitet.

Bier-Kalteschale.

Man vermische 1 l. Weißbier mit 1/4 w Zucker, weichgekochten Korinthen, der auf Zucker ab=geriebenen Schale einer Zitrone, einem Tassen=kopfe voll geriebenem Schwarzbrot und dem Safte der Zitrone und lasse die Kalteschale im Keller kühl stehen. Man gibt Ziebäcke oder Bretzeln dazu.

Weinkalteschale wird ebenso bereitet.

Vanillensuppe mit Schneeklöße.

Milch und Vanille läßt man zusammen auf- kochen, einige feingeriebene süße Mandeln, Zucker und etwas Salz und zieht sie mit Eigelb und Mehl ab, die Suppe darf dann aber nicht mehr kochen, vor den Anrichten fügt man den Schnee von den Eiern hinzu.

Chokoladensuppe.

2. l. Milch kocht man mit 1/2. Stange Vanille auf, tut 1/4 ℔ Zucker 1/4 ℔ Chokolade hinzu, läßt die Suppe nach einige Minuten kochen und zieht sie mit einigen Eigelb ab. Zu dieser Suppe macht man Schneeklöße, die man erst zu Tisch drauf legt.

Fischgerichte

Die Mönche des alten Klosters Beyenburg beklagten sich mehrfach bei den in der Küche tätigen Brüder darüber, dass ihr Speisezettel zuviel Lachs enthalte. Damals konnte man in der Wupper tagtäglich mühelos Lachse fangen...

Heringe: gebratene.

Man lege die Heringe 3 Tage in frisches Wasser welches man täglich 2 mal erneuert, dann abtrochnen und in geschlagene Eier und Mehl umwendet, in heißer Butter gebraten.

Beilage zu Bohnen und Sauerkraut.

Fische.

Karpfen – Bier Fisch.

3 Flaschen braun Bier, Zwiebeln, Citrone, Lobeer, Nelken, Pfeffer, Zucker, Butter, Gelee, ein Stück Honigkuchen. Der Fisch wird gereinigt, dann in Stücken geschnitten und gekocht, die Saucen wird durch ein Sieb gerührt und mit Kartoffelmehl angemacht.

Marinierter Schellfisch.

Der Fisch wird sauber gewaschen und ab=getrocknet, mit Salz und Pfeffer bestreut, dann in Roggenmehl umgedreht und in Speck gebraten, dann in 1. Steintopf gelegt. Man nimmt 1 Teil Essig, 2 Teile Wasser, Lobeer=blatt, Pfefferkörner, in Scheiben geschnittene Zwiebel. Dieses läßt man zusammen aufkochen. Ist die Masse erkaltet so gießt man sie über die Fische.

Karpfen.

Der Karpfen wird vor dem Verlust der Schleim=haut bewahrt, ausgenommen, gewaschen, mit kaltem Essig gebläut und in Salzwasser mit etwas Essig gekocht.

Man giebt Meerettig und klare Butter dazu.

Kabeljau.

Dieser wird wie Schellfisch gekocht, in Salzwasser etwas Essig, einige Zwiebeln in Scheiben geschnitten, Laberblätter, Pfefferkörner. Der Fisch muß 15-20 Min. ziehen, Salzkartoffeln mit Senf in Butter.

Rotbarsche gebacken wie Schellfisch.

Rotbarsche gekocht mit Petersilien Saucen.

Hecht gebacken und gekocht wie Rotbarsch.

Forellen.

Die Forellen werden ausgenommen und gewaschen, der sie bedeckender Schleim darf nicht verletzt werden; dann werden sie in kaltem Essig gebläut und in Salzwasser mit etwas Essig gekocht. Man gibt frische Butter und gehackte Petersilie dazu.

Gebraten werden die Forellen wie Schellfisch.

Heringe : marinierte.

Man lege die Heringe, nachdem man sie abgezogen, ausgenommen und die Backen abgerissen hat und auch gewaschen, 24 Stunden in öfters frisches Wasser und dann noch 10. Min. in süße Milch, die Milch der Heringe wird mit dem abgekochten und erkaltetem Essig zu einer dicken Sauce gerührt, die Heringe werden abgetrocknet, in einen steinerem Topf getan mit der Sauce und Zwiebeln, Lobeerblätter und Pfeffer: körner, der Essig wird mit Wasser nach Geschmack gemackt, übergossen, nach 2 Tage zu essen.

Schellfisch: gebratene.

Der Schellfisch wird geschuppt, vom Schwanz zum Kopfe, und wie bei allen Seefischen, der Kopf ab= geschnitten. Innen nimmt man die Eingeweide und die dicke weiße und schwarze Haut weg. Zum Backen schneidet man bei größeren Fischen den Schwanz ab, das übrige in 2 - 3 Teile und die im Rücken auch noch einmal durch, Die gewaschenen und gesalzenen Fische auch mit Pfeffer bestreuen. Die Fische werden in geschlagene Eier sonst auch nur in Mehl oder gestoßenen Semmel umgedreht und in 1/2 Butter 1/2 Fett, langsam auf beiden Seiten gebacken.

Braten

Gefüllte Hühne.

1/4 ℔ zerlassene Butter 3. ganze Eier. 4. geriebene Brödchen, Herz und Magen weich gekocht, Leber bleibt roh. Herz, Magen und Leber wird gehackt, dann Brödchen, Eier und Butter hinzu.

Paprika Huhn.

Man schneide junge Hühner, nachdem sie gut gereinigt, in Stücke und salze sie leicht. Sodann schneide man eine Zwiebel auf 2 Hühner in feine Stückchen und dünste sie in einer Kastrolle mit Butter tue dann die Hühner hinein und bestreue sie mit einer Messerspitze Paprika decke sie zu und lasse sie unter öfterem Umwenden dünsten. Hierauf bestreue mann die Stücke mit ein wenig Mehl und lasse sie mit etwas Fleischbrühe und einigen Löffeln saure Sahne langsam kochen und salze nach Geschmack.

Leber:

Die Leber wird in Milch gelegt, mit Salz und Pfeffer gewürzt, in Mehl umgewendet und in heißer Butter rasch gebraten, und einige Wachholderbeeren hinzu getan. Die Leber wird in Scheiben geschnitten: Gänse und Enten Leber bratet man ganz und garniert sie mit gerösteten Semmelscheiben.

Gans: Braten.

Die Gans wird ausgenommen, man schneide Füße und Flügel ab, den Bauch der Länge nach auf und nimmt das Fett vorsichtig hinaus, das Fett muß mehrmals mit dem was am Eingeweide sitzt langsam, dem Magen fassend, vor, indem man es mit der flachen Hand löst: es darf nicht reißen. Das Fett muß bis zum nächsten Tage gewässert werden. Man vergesse nicht die beiden Fettdrüsen oberhalb des Steißes und den Afterring zu entfernen. Die Speiseröhre müßen am Kopf gelöst werden. An der Leber sitzt die Galle die sehr bitter ist, diese darf nicht verletzt werden, sonst schmeckt die Leber bitter, man schneidet sie vorsichtig weg, die Leber wird zum Abendbrot bereitet der Magen wird ausgenommen, dicken Häute entfernt und das Fleisch kocht man mit dem Herzen, den Flügeln, dem in 3-4 Stücke geschlagene Hals und den abgezogenen Füßen, dem Kopfe in das Gänseklein, was mit Suppengrün und Reis gekocht wird, man spült die Gans gehörig rein füllt einige frische Äpfel etwas Salz und Beifuß hinein, dann näht man die Gans zu bindet die Flügel fest. Die Gans wird übersalzen und legt sie in eine Bratpfanne mit kochendem Wasser und etwas Schweineschmalz. Man brät die Gans bei nicht zu starker Hitze unter fleißigem Begießen und Umdrehen zu hellbraune Farbe. In der letzten 1/4 Std.

darf man die Ganz nicht mehr begießen. Die Bratzeit ist durchschnittlich 3 Stunden. Das Fett wird beim Anrichten von der Sauce abgeschöpft und sie mit Kartoffelmehl abgerührt.

Ente wird ebenso zugerichtet.

Hase:

Man zieht das Fell, an den Hinterläufen anfangend ab, dann schneidet man Kopf, Vorderläufer, Bauchlappen ab und zieht alle Häute von Rücken und Keulen hinunter. Der Rücken wird auf jeder Seite mit feinen Speckstreifen gespickt. In reichlich Butter wird er gebraten, unter sehr fleißigem Begießen und hinzugießen von roher Milch und Sahne.

Falscher Hase:

Man bereitet eine Farie von gehacktem Rindfleisch, Kalbfleisch und Schweinefleisch, von jedem das gleiche Gewicht, vermischt es mit zerlassene Butter und ausgedrückter Semmel, fügt eine feingehackte Zwiebel, Salz, einige Eier und feingehackten Sardellen hinzu und mischt alles gut untereinander. Man formt die Farie zu einem Hasen und spickt ihn mit ziemlich kleine Speckwürfel, streut ein wenig Salz darüber und beträufelt es mit zerlassener Butter, läßt es im ziemlich heißem Ofen unter öfterem Begießen, so lange braten bis er braun und gar ist indem man saure Sahne hinzu gießt. Die Sauce rührt man wenn sie nicht dick genug ist, mit etwas Weizenmehl an.

Hasenpfeffer:

Die Vorderbeine nebst Bauchhaut des Hasen werden in Stücke geschnitten gehörig gewaschen, die Haare entfernt der Kopf gespalten und alles mit Herz, Leber und Lunge gewaschen. Will man das Fleisch einige Tage aufbewahren, so schütte man Essig darauf und wende es täglich um den Essig kann man zum Kochen so viel, als nötig ist verwenden. Beim Gebrauch setze man das Fleisch nicht ganz mit Wasser bedeckt und mit dem nötigen Salz aufs Feuer, schäume es gut aus und gebe hinzu recht viel in Würfel geschnittene Zwiebeln, ganzen Pfeffer und Nelken, einige Lobeerblätter, ein Stück Butter Essig und in Butter braun gemachtes Mehl. Wenn das Fleisch gar ist, rührt man 1 Löffel Birnkraut oder etwas Zucker auch ein Glas Rotwein an die Sauce und Fleischextrackt.

Hirschbraten.

Die Keule oder der Rücken wird gut gehäutet und sauber gespickt. Dann bestreut man den Braten mit Salz und legt ihn in zerlassener Butter und Speckscheiben in einer Pfanne und bratet ihn in ziemlich heißem Ofen unter öfterem Begießen und hinzugießen von saurer oder süßer Sahne.

Fasan:

Man bereitet das Tier wie anderes Geflügel zu, bindet es ihm Speckscheiben über die Brust und bratet ihn in Butter zu schöner Farbe, und mit einer schmackhaften Sahnensauce.

Taube:

Die Taube wird gerupft, gesenkt und indem man einen Querschnitt gemacht, alles ausgenommen, gewaschen und abgetrocknet, dann legt man Magen, Herz, Leber in die Taube, salzt es und bratet es in Butter unter Begießen von Sahne oder roher Milch, hellbräunlich. 1. Stunde.

Hackbraten.

Dieselbe Masse wie zu den Frikadellen, formt man in einen länglichen Kloß, welchen man wie jeden andren Braten behandet.

Sauerbraten:

Das Fleisch wird gewaschen, geklopft, mit Zwiebeln, Lobeerblätter und Nelken in eine Schüssel gelegt, und mit 1/2 Essig, 1/2 Wasser (wenn der Essig stark ist) begossen. Es wird zugedeckt und kann in 4-5 Std. Tagen verwendet werden. Bei der Zubereitung wird das Fleisch mit Salz und Pfeffer eingerieben, in heißem Fett und Butter auf beiden Seiten angebraten, mit etwas Brühe begossen und in den Backofen geschoben. Man begießt den Braten oft, gibt im Falle es nötig ist von der Essigbrühe zu. Dann gibt man eine Zwiebel, Lobeerblätter, Nelken und ein Brotrinde vom Schwarzbrot, oder eine Stücke Honigkucken und beim Anrichten etwas Zucker hinzu, und mit Kartoffelmehl angesämt.

Schweinskeule:

Von der Keule wird die Schwarte eingekerbt in Vierecke, dann mit kaltem Wasser die Keule gewaschen, salzen, mit Zwiebeln, Lorbeerblätter und einige Nelken in einer Bratpfanne mit kochendem gelegt, dann in den Backofen geschoben der Anfangs nicht zu großer Hitze haben darf, der Braten muß oft begossen werden, kurz vor dem Anrichten, wenn er gar ist, muß er eine Zeit im Ofen stehen, ohne weiter begossen zu werden. damit die Krüstchen hart bleiben und nicht weiche werden,

Die Sauce wird abgefettet und mit etwas Kartoffelmehl angerichtet.
Hierzu paßt sehr gut Sauerkraut und Kartoffelklöße.

Großer Fleischklops.

Dieselbe Masse wie die Frikadellen wird dazu gebraucht, nur halb Schweine- und halb Rindfleisch etwas Lagern und auf jedes halbe Pfd Fleisch 1. Ei gerechnet, auch in Würfel geschnittenen fetten Speck und gewiegte Zwiebeln kommen hinzu, Pfeffer, Salz. Man formt einen großen Kloß den man mit geklopftem Ei bestreicht und geriebener Semmel bestreut. Man kann diesen Braten auch kalt geben und dann Salat und Remoladen=sauce dazu.

Geschmorte Kalbsbrust mit Bier.

Man wässere die Brust in lauwarmen Wasser und trockne sie ab, dann legt man die Brust in eine Bratpfanne mit gebräunter Butter, und brate sie gelbbraun. Füge eine Zwiebel etwas Salz, Pfefferkörner, Nelken und Lorbeerblätter dazu.

Königsberger Klappse.

3 ℔ gehacktes Rind- und Schweinefleische, 4 Brötchen einweichen, 4 ganze Eier 5 Heringe 1/4 ℔ Zwiebeln etwas Butter, Salz, Pfeffer.

Sauce:

1/4 ℔ Butter mit 1/2 ℔ Zwiebeln gar werden lassen 1/2 ℔ Mehl mit Wasser angerührt, Pfeffer, Salz, 1 1/2 Topf Senf, etwas Zitronensaft 5 Heringe, Essig, Zucker, Fleischextrakt. Diese Masse wird durch ein Sieb gerührt in einen Topf und die Kläße darin gar kochen. 3/4 Std.

Zungenragout.

Die Zunge wird, nachdem man sie in Salzwasser gut weichgekocht hat, gehäutet, und in Scheiben geschnitten Nun läßt man Mehl in Butter schön braun werden und rührt dann indem man nach und nach von der Fleischbrühe nachfüllt, eine semige Sauce, diese wird darauf mit Salz und Pfeffer abgeschmekt und mit Zwiebeln, Nelken, Lorbeerblatt etwas gekocht, darauf kostet man sie ab mit Rotwein, Zitronensaft und Zucker und legt die Zungenscheiben hinein die einmal mit der Sauce aufwellen müßen.

Farse zum Füllen.

Man kocht das Herz und den Magen weich und hackt beides mit der rohen Leber fein, rührt dann

1/4 ℔ Butter zu Sahne mischt nach und nach 3 ganze Eier, einen Tassenkopf geriebenen Semmel, Muskat, Salz, gehackte Zwiebel und das hartgekochte Fleisch darunter.

Fleisch Farse:

Gehacktes Kalbfleisch wird mit eingeweichter Semmel, Salz, Muskat, etwas verlassene Butter gut untereinander verrührt, davon werden kleine Bällchen geformt, die in Salzwasser gekocht werden.
Diese Bällchen verwendet man zum garnieren vom Hühner Frikassee.

Frikadellen.

3. Brötchen werden eingeweicht, ausgedrückt und zu 3 ℔ gehacktem Fleisch gegeben, halb Rind- halb Schweinefleisch welches man mit Salz, Pfeffer und gehackte Zwiebeln würzt und 3-4 Eier werden hinzu getan. Dieses wird alles gut durch gerührt aus der Masse formt man kleine Bällchen (verwendet sich) wendet diese in Mehl um und brät sie in heißem Fett auf beiden Seiten schön braun.

Haschee:

Fleischreste werden gehackt dann eine Sauce von Butter, Zwiebeln, Mehl und soviel Wasser oder

Bouillon, das sie semig ist, gerührt, dann mit Salz und Pfeffer geschmeckt. Darauf das Fleisch hinein, auch etwas Thymian daran schmekt sehr gut, und etwas Bratensauce verbessert das Gericht.

Pfefferpothast.

Das Rindfleisch wird in Viereck große Würfel zerteilt, mit Wasser und etwas Salz augesetzt und gut ausgeschäumt. Dann fügt man reichlich gehackte Zwiebeln, Pfeffer, Lorbeerblätt ein Stück Ingwer ist das Fleisch gar, fügt man etwas in Butter geschwitzete Mehl hinzu.

Kotelette:

Die Katelette werden mit gehackte Zwiebeln, Pfeffer und Salz bestreut, in einem geschlagenen Ei und dann in Zwiebeln, Zwieback oder Paniermehl gewendet. Fett läßt man in der Pfanne recht heiß werden und brät dann in demselben die Kotelette auf beiden Seiten schön braun und gar.

Salzlake zum Pökeln.

Auf 4½ l. Wasser nimmt man 3 ℔ Salz, 3 loth Salpeter und 3/4 ℔ Zucker, kocht dies zusammen auf schäumt es gut ab und gießt dies, erkaltet, auf das Fleisch das sich Monate lang darin hält. Soll das Fleisch gekocht werden, so muß es vorher wässern.

Rinderroulade.

Das in Handgroße Stücke geschnittene Fleisch wird gekocht, mit Salz und Pfeffer bestreut, mit Speck und Zwiebeln belegt fest zusammen gerollt und mit Faden umwickelt. Die Rollen brätet man in Butter auf allen Seiten braun, gießt etwas kochendes Wasser bei und läßt sie langsam in zugedecktem Topf schmoren, wenn nötig rührt man vor dem Anrichten etwas Kortoffelmehl an die Tunke.

Gulasch.

Zwiebeln werden klein geschnitten und in heißem Fett und Butter gedämpft. Nun gibt man das in mundgerechte Würfel geschnittene Fleisch dazu und bräunt es an. Nachdem werden Mehl und Salz übergesteubt. Später, wenn das Mehl angebräunt ist wird das Wasser dazu gegeben und der Topf verschlassen. Das Fleisch muß unter öfteren Hinzufügen von Wasser langsam schmoren. Vor dem Anrichten fügt man eine Prise Pfeffer oder Paprika hinzu.

Hühner Frikassee.

Das Huhn wird fertig und sauber gemacht und in Stücken zerteilt, dann mit Wasser und Salz zu einer kurzen Boullon gekocht. Die Sauce wird mit Butter und Mehl und die Boullon auf dem Feuer recht dick und glatt gerührt und mit Eigelb abgezogen, dann läßt man das Fleisch auf einem Sieb ablaufen und garniert es auf einer Schüssel mit Blumenkohl, Spargel kleine Fleischkläßchen, Zwiebackkläßen und Kapern und gibt man die Sauce darüber und zuletzt mit Blätterteig garniert.

Bier Bratwurst:

Frische Bratwurst bratet man in Butter auf beiden Seiten recht langsam bis sie schön braun ist, dann gibt man in Scheiben geschnittenen Zwiebeln, Lorbeerblätter, Nelken, Pfefferkörner, Zucker und braun Bier dazu, dieses läßt man zusammen schmoren, wenn alles innig miteinander verbunden ist, gibt man etwas Wasser hinzu.

Die Sauce wird mit Kartoffelmehl angemacht.

Man rechnet auf 3 ℔ Bratwurst 2 Flaschen Bier.

Hiezu paßt sehr gut Sauerkraut.

Hammelkeule oder Rücken wie Rehbraten 3 Tage in rohe Milch legen.

Hammelfleisch mit Kümmelsauce.

Rehbraten wie Hasenbraten mit Sahnensauce.

Rinderbraten wie Hirsch mit Sahnensauce.

Hammelkeule wie Rehbraten.
Schmorbraten mit süßes Sauerkraut.
Hammelbraten mit Pilzsauce.
Sauerbraten mit Rosenkohl.
Hammelkeule in Milch gelegt.
Frischer Schweinebraten mit Zwiebackkruste.
Sauerbraten mit Rotkohl.
Gepökelte Schweinskeule mit Brüßtchen.
Kalbsbraten wie Schmorbraten.
Kalbsbraten mit Kartoffelsalat.
Kalbsbraten mit Sahnsauce.
Kalbsbraten mit Schotten, Möhren, Spargel.
Hammelfleisch mit Kümmelkohl.
Filletbraten mit sieben Gemüse.
Gulasch mit Nudeln.
Kotelette mit Bohnensalat (Salatböhnchen)
Kalbsschnitzeln garniert mit Zitronenscheiben.
Frikadellen, Graupen und Pflaumen.
Hackbraten mit saure Linsen.
Kasseler Rippespeer mit Sauerkraut.
Roastbeef mit Kopfsalat.
Hammelfleisch mit Weißkohl und Pfefferkörner.
Hühnersuppe mit Reis.
Junge Hähne wie Fasanen, Taube, Feldhühner.
Birkhuhn wie Hähne nur fügt man einige Wachholderbeeren hinzu.

Soßen

Saucen.

Remouladen Sauce.

Man stößt die Dotter von vier hartgekochten Eiern durch ein Sieb, fügt 1 rohes Eidotter, 1 Eßlöffel feinen Senf und 1. Eßlöffel Öl hinzu, diese Masse bringe man zusammen in einen Napf, rührt nach und nach 6 Eßlöffel Öl darunter, daß es eine dicke Salbe wird, mischt Essig, Salz, Pfeffer, feingehackte Kräuter Petersilie, Schnittlauch, Zwiebeln, Kapern und etwas Zucker darunter. Sollte die Sauce zu dick sein, so verdünne man sie mit etwas kalter Fleischbrühe. Diese gewürzhafte schmeckende Sauce wird zu Sülzen kalten Fleisch oder Fisch gegeben.

Remouladen Sauce.

Man rühre drei hartgekochte Eier mit etwas Salatöl ganz fein und gebe 1/8 l. süßen Rahm, 1 Eßlöffel Senf feingehackte Petersilie und Zwiebel mit etwas Pfeffer, Salz und Essig dazu, das es eine gebundene Sauce gibt. Man kann hartgekochte Eier dazu geben.

Mayonese.

6 hart gekochte Eidotter und eine rohe werden mit 8 Löffel Öl tropfenweise zugeschüttet, angerührt dann werden noch 2 Eßlöffel Esdragonessig und etwas Salz hinzugefügt.

Machonese.

2 Tassen Wasser, 1 Tasse Essig, Salz und Zucker nach Geschmack zum kochen gebracht, dann quirle eine Tasse Mehl in Wasser und verrühre es unter Kochem damit. Wenn die Masse erkaltet ist, fügt man 1 Tasse Öl und 6-8 Eidotter hinzu, Pfeffer und Zwiebel nach Gemack.

Machonese.

Man gebe in eine Schale etwas gehackte Zwiebel etwas Petersilie, Estgon einen Teelöffel Zucker, Salz und 2 Eigelb rühre nach und nach 4 Eßl. Öl und 2 Eßl. Essig hinzu und vor dem Anrichten 1/8 l. geschlagenen Rahm oder etwas weißen Coulis.

Remouladen Saucen.

Man rührt zuerst Machonese und fügt hinzu 2 Teelöffel Senf, fein gehackte Zwiebel, Gurken, Petersilie Kapern, etwas Kerjemie und etwas weißen Pfeffer, Salz und Essig nach Geschmack Ist die Sauce etwas zu dick so gießt man etwas Wasser zu.

Meerrettigsauce.

Man lasse ein gut Stück Butter mit etwas Mehl aufgehen, rühre es mit Fleischbrühe an, tue Salz, Pfeffer, etwas Zucker und Citronensaft und Essig daran und zuletzt den geriebenen Meerrettig.

Tomatensauce.

Man zerteile die Tomate und setze sie in wenig Wasser mit einer Zwiebel, Lorbeerblatt, Nelken, Salz, zu und lasse sie ganz zerkochen, rühre sie durch ein Sieb gebe ein Stück Butter und etwas Mehl dar

Heringsauce.

Man bereitet eine Sauce wie Schnittlauch indem man den Schnittlauch fortläßt und in die fertige Sauce gehackte Heringe tut.

Senfsauce.

Wie Schnittlauchsauce ohne Schnittlauch.

Holländischesauce.

Die Sauce wird mit Butter und Mehl, Bouillon, Spargel oder Blumenkohlwasser recht dick und glatt gerührt auf dem Feuer, fügt etwas Muskat und Zitronensaft hinzu, zuletzt ziehe man sie mit einigen Eigelb ab.

40

Schnittlauchsauce.

Man läßt feingehackter Zwiebel und geschnittenen Schnittlauch, ein großes Stück Butter zusammen aufgehen, fügt Mehl hinzu und nach und nach Wasser oder Fleischbrühe, sodaß es eine gebundene Sauce ist, dann kostet man sie mit Essig, Zucker, Senf, Salz und Pfeffer ab.

Gemüse

„Ok en olle Hippe frett noch gään en grön Blättschen!“

Kohlrabie mit Fleischkläßchen.

Kohlrabi in Scheiben geschnitten, abgekocht, ab-gegaßen, 2tes Wasser bleibt. 'Fleischkläße': 2 ℔ gehacktes Fleisch 1/2 Schweine 1/2 Rindfleisch 1/2 Reihe Weißbrot aufgeweicht, ausgedrückt, 3 Eier, etwas zerlassene Butter, Pfeffer, Salz. Runde Kläße geformt auf dem Gemüse gargekocht. Nachdem die Kläße herausgenommen, wird dieses noch mit etwas Butter und Mehl angemacht.

Apfelkartoffel.

Die in Salzwasser gargekochten Kartoffeln werden abgegossen, mit Apfelmus vermischt, gestampft, Zucker, Pfeffer, ein Guß Apfelwein, und in Würfel geschnitten ausgelassenen Speck angemacht.

Man kann Schinken oder kalten Braten dazu geben.

Gemüse.

Dicke Erbsen mit Sauerkraut und Kartoffelpüree.

Die am Abend vorher, in Wasser gestellten Erbsen werden weich und kurz eingekocht, dann rührt man sie durch einen Durchschlag, nun gibt man ein großes Stück Butter und Salz hinzu, läßt sie wieder Aufkochen und gibt auf die in der Schüssel angerichteten Erbsen, in Butter gebräunte Zwiebelscheiben.

Hierzu gibt man Sauerkraut, Eisbein und Kartoffelpüree.

Gefüllter Weißkohl.

Man legt einige große Weißkohlblätter, die man einige Minuten abgekocht hat, aufeinander, dann legt man einige Löffel Frikadellenmasse hinein, wickelt die Rolle auf und befestigt ringsum einen Faden, diese wird im Gemüsetopf mit Fett ringsum gebraten. Dann gießt man etwas Wasser daneben und schmort die Rollen zugedeckt 2 Stunden. das Wasser muß wenn es verkocht, wieder ersetzt werden. Mittags verrührt man die Sauce mit etwas Mehl, Salz und Pfeffer und gibt Salzkartoffeln dazu.

Weißkohl.

Weißkohl schmeckt sehr gut, wenn man denselben mit Hammelfleisch und Kümmel kockt. Auch Kartoffeln darunter.

Zu Blumenkohl paßt sehr gut:
Kotteletts, gebratene Hähnchen, Wild,
Tauben, Sahnebraten oder Schinken.

Spargel mit rohen und gekochten Schinken.
Salatböhnchen mit Salzheringe ohne Fleisch.
Salatböhnchen mit Holländische Sauce.
Stangenbohnen mit magern Speck.
Dicke Bohnen mit Schinkenspeck.
Gelbe Steckrüben mit Schweinefleisch.
Weiße Rüben mit Hammelfleisch.
Winterkohl mit Bratkartoffeln u. Mettwurst.
Brühkartoffel mit Rindfleisch.
Wirsing mit Entenbraten.
Sauerkraut, Kartoffelpüree und Pöckelfleisch.
Butterkohl, Stielmus, Speck oder Kochwurst.
Senfsauce mit russische Eier u. Salat.
Rotkohl mit Wildbraten. Spinat mit Eier.
Spargel mit Holländische Sauce oder Buttersauce.
Karpfen mit Rotkohl.
Gans, Apfelmus u. Kartoffeln.

Kartoffel-speisen

Kartoffelspeisen.

Kartoffeltorte.

Man rührt 3/4 ℔ geriebene Kartoffel 1/4 ℔ gestoßene Mandeln, 1 ℔ Zucker, und 12 Eigelb recht dick und schäumig, schlägt das Weiße zu Schnee, rührt es dazu, und backt die Torte in einer mit Butter bestrichne Form in einer Stunde gar.

Kartoffeltorte.

1 ℔ Zucker wird nach und nach mit dem Gelben von 18 Eiern eine 1/2 Stunde gerührt dann 1 1/2 ℔ geriebene Kartoffel, die man den Tag vorher gekocht hat 1/2 ℔ süße Mandeln, und den Schnee der 18 Eiern dazu, 1 Stunde backen.

Kartoffel-Pudding.

1 ℔ geriebene Kartoffeln, 6 Eier 1/4 ℔ Zucker, Gewürz, Kardemon, etwas abgeriebene Citronen=schale, 5 gr. süße und 2 gr. bittre Mandeln. Das Weiße zu Schnee geschlagen und wenn die Masse zusammen gerührt und mit Salz durchgeschwenkt ist, schwingt und streicht die Form gehörig mit Butter, und streut Zwieback hinein; füllt die Masse in die Form und läßt ihn eine Stunde kochen.

Für 10 Personen.

Kartoffelklöße.

Man kocht gute mehlige Kartoffeln in der Schale gar, aber nicht zu weich, läßt sie erkalten und reibt sie auf einem Reibeisen. Da sich die Kartoffeln nicht gut reiben lassen, wenn sie nicht völlig abgekühlt sind, so ist es ratsam, sie wenigstens 12 Stunden vor dem Gebrauche abzu=kochen. Die geriebenen Kartoffeln tut man in einen Napf, vermischt sie mit feinem Mehl, Eier, Salz und Pfeffer. Die Klöße werden in Salzwasser gekocht bis sie gar sind. Man gibt dazu Schweinebraten und Sauerkraut.

Kartoffelpüree und Sauerkraut.

In eine Auflaufform, die man mit Butter aus=geschmiert hat, füllt man lagenweise das Püree und Sauerkraut, indem man etwas Butter da=zwischen pflückt. Das Sauerkraut muß aber gekocht und mit Fett und Zwiebel vorher fertig gemacht werden, dann reibt man etw Zwieback darüber, man quirlt einige Eier mit Sahne und gibt dies hinzu und läßt die Form im Ofen braun werden.

Prinzeßkartoffeln.

Bratkartoffeln die man mit gewiegte Zwiebel bereitet hat, mischt man mit geriebenen Schweizerkäse, feingehacktem Heringe, Reste von Bratensaucen. Dann wird eine Auflaufform mit Butter ausgestrichen, und dann kommen die Bratkartoffeln hinein, erst Kartoffeln dann einige Scheiben kalten Kalbsbraten darauf gelegt, etwas Butter darüber gepflückt und immer schichtweise gefüllt bis die Form voll ist, darüber gießt man nur einige in Milch gequirlte Eier und reibt Zwieback darüber, etwas zerlassene Butter darüber, die Form wird in den Backofen gesetzt, 3/4 Stunde backen lassen.

Bratkartoffeln mit Hering.

Die Kartoffel werden mit der Schale gargekocht, abgezogen und in Scheiben geschnitten, dann in einer flachen Pfanne gebraten, gebe einen feingeschnittenen Hering in Stückchen gehackte Zwiebeln etwas geschablen Schweizerkäse hinzu; in Butter und Fett braten und zuletzt noch etwas Bratensauce hinzu gießen.

Salate

Italienischer Fleischsalat.

Eingemachte, saure Heringe werden entgrätet, und durch die Fleischmaschine gedreht, gute Äpfel, Essiggurken, eingelegte rote Rüben, gekochte Kartoffeln, Fleischwurst, Eiweiß, Eigelb ebenfalls zu gleichen Teilen und die doppelte Portion gekochtes oder gebratenes Kalbfleisch, auch die doppelte Portion Eier dieses alles wird in sehr kleinen hübschen Würfel geschnitten; Man rührt eine Machonaise aus 3 rohen Eigelb, in die man nach und nach feines Salatöl tropfenweise hinzu gibt und rührt so lange bis es eine dicke Masse gibt, diese Machonaise vermischt man mit einer weißen Coulis: 1/4 ℔ Butter, Mehl soviel wie die Butter aufnimmt auf gelindem Feuer gerührt und mit Bouillon klar und glatt rühren bis eine dicke weiße Sauce gibt. Die Machonaise wird mit der erkalten Coulis vermischt, mit dem Essig von Rotenrüben rosa gefärbt und mit Preißelbeergelee, Pfeffer und Salz nach Geschmack abgekostet. Kapern dürfen auch nicht fehlen. Garniert wird der Salat mit hart gekochten, in Viertel geteilten Eiern und Feldsalat, oder mit gehackten Eiern und roten Rüben, indem das Gelbe und weiße der Eier und die Rüben einzeln als Stern oder Streifen aufgelegt werden.

Kultivierter Hering. **Salate.**

Auf 4 Personen, 4 Heringe, 4. Eier, die Heringe sauber abgezogen und in Wasser gelegt. Dann die Heringsmilch ganz fein gerührt und durch ein Sieb gestrichen mit 2 Löffel Wein oder Essig. Auch ein bißchen Citronensaft, die Eier dürfen nicht zu hart gekocht werden, aber aber das Weiße muß so sein, daß es sich in kleine Würfel schneiden läßt, während das Gelbe sämig gerührt werden muß 2.- 3 ganz fein geschnittene Zwiebel hinzu auch einige saure Gurken 3 Löffel Salatöl eine Tasse dicken Rahm, Pfeffer, Senf und Zucker nach Belieben. Alles tüchtig durcheinander rühren, 1/4 Std. der tüchtig ausgewässert. Hering wird in Streifen geschnitten und kommt dann dazu. Für Abends.

Man gibt Kartoffelplätschen dazu.

Warmer Kartoffelsalat.

Die Kartoffeln werden mit der Schale gekocht, und heiß gepellt, in dünnen Scheiben geschnitten und warm gestellt, mit Essig Pfeffer, Salz, Zwiebel und dem flüßigen Fett von in Würfel geschnittenem, ausgelassenem Speck. Die Würfel werden beim Anrichten zum Garnieren gebraucht.

Hierzu paßt sehr gut Frankfurter Würstchen oder gebratene Frikadellen.

Salat von Fleisch Resten.

Das übriggebliebene Suppenfleisch wird mit Essig, Öl, gehackten Zwiebeln, Pfeffer, Salz angemacht. Man kann einige eingemachte Gurken und rote Rüben hinzuschneiden und mit grünem Salat garnieren.

Hierzu gibt man Aufschnitt
Käse und Butterbrot.

Tomatensalat.

Man schneide reife Tomaten in Scheiben, lege sie 2 Std. lang in eine Marinade aus Salz, Pfeffer, Öl, dann verrühre man das Gelbe von 2 rohen zu einem hartgekochtem Ei. Pfeffer, Salz, Senf und Essig und nach belieben Zwiebeln zu einer Sauce und menge nur die Tomaten damit an.
Mit Endivien-zusammen sehr gut.

Kalter Kartoffelsalat:

Heringssalat:

Gurkensalat:

Selleriesalat:

Endiviensalat:

Kopfsalat:

Feldsalat:

Zichoriensalat:

Mehl- und Eierspeisen

Bom-bam-beier!
De Köster mag keene Eier.
Wat mag hä dann?
Speck en de Pann!
Oh wat en leckerschen Köstermann !

Mehl- & Eierspeisen.

Käse oder Schinkennudeln.

Die Nudeln werden in reichlich Salzwasser gekocht, wenn sie gar sind, auf ein Sieb geschüttet wenn die Nudeln genügend trocken sind, kommen sie in eine Schüssel. Man setzt ein großes Stück Butter und gewiegte Zwiebel aufs Feuer und läßt dieses hellbraun braten bis das die Zwiebel gar sind. Jetzt fügt man den geriebenen Käse. Butter und Zwiebel hinzu und schwänkt dieses zusammen mit den Nudeln, fülle diese Masse in eine mit Butter ausgestrichene Form. Dann quirlt man 6 - 8 Eier mit einem 1/2 Liter Rahm, dieses gießt man darüber dann mit Paniermehl bestreut und braune Butter, die Nudeln werden 1/2 - 3/4 Std. im Backofen gebacken.

Man gibt Schinken oder Salat dazu.

Schinkennudeln werden ebenso gemacht anstatt geriebenen Käse tut man fein geschnittenen Schinken hinein.

Äpfelreis.

Man kocht den Reis und die Äpfel in Bunzlauer weich jedes allein, rührt die Äpfel zum Reis fügt Zucker, Salz und Butter hinzu.

Man gibt Frikadellen und Salzkartoffeln hinzu.

Dampfnudeln.

1½ ℔ Mehl, 7 Eier, 2 Eßlöffel Zucker, 1 Teelöffel Salz, für 10 g Hefe. Von den Eidottern werden 2. für die Vanillensauce zurückbehalten.

Reis und Äpfel.

Der Reis wird in Milch weich gekocht, mit fertiges Äpfelmus schichtweise auf einer großen Schüssel angerichtet, dick mit Zucker und Zimmt bestreut und braune Butter darüber getan.

Diese Speise wird ohne Fleisch und Kartoffeln gegeben, eine Suppe giebt man vorher.

Nudeln & Äpfel.

Die fertiggekochten Nudeln werden mit dem Äpfelmus wie Reis und Äpfel behandelt.

Auch nur eine Suppe vorher.

Griesflammeri.

1 l. Milch läßt man mit etwas Salz 4-5 Eßl. Zucker halbe Stange Vanille und 30 gr. Mandeln aufkochen und gibt 125-130 gr. Gries hinein und läßt ihn garkochen. Dann gibt man 3 geschlagene Eigelb und den Schnee dazu, nun füllt man die Masse in eine angefeuchtete Form. Nach dem Erkalten stürzt man ihn und gibt Fruchtsaft oder auch Vanillensauce dazu.

Griesklöße mit Backobst.

Gries wird mit Milch steif gekocht, man fügt Zucker und Salz hinzu, den Gries läßt man in einer Schüssel erkalten, aber vorher quirlt man einige ganze Eier Mehl so viel die Eier annehmen und 1 Stück zerlassene Butter hinzu, diese Masse wird ordentlich zusammen vermengt und muß kalt werden, dann sticht man mit einen Eßl. Klöße ab und kocht diese in Salzwasser ab.
Zu diesen Klößen gibt man gemischtes Obst.
Nur Suppe dazu.

Mehlklöße.

1½ u Mehl 1/4 u zerlassene Butter 3-4 Eier ganze 5-8 g Hefe, etwas Salz und Milch, auch Salz soviel bis die Klöße einen beliebigen Geschmack bekommen, Der Teig wird solange geschlagen bis er sich vollständig von der Schüssel löst, dann aufgehen lassen, wenn er anfängt zu gehen, werden die Klöße mit der Hand gemacht, auf ein Backbrett aufgelegt, und nochmals auf gehen lassen, dann in Salzwasser gar kochen lassen.
Man gibt Buttersauce und Preißelbeeren dazu.

Kalte Speisen.

Milchreis Pudding mit Mandeln, die Mandeln fein geschnitten füllt ihn in eine Puddingform die vorher angefeuchtet wird nachdem Erkalten stürzt man ihn und gibt Himmbeersaft dazu.

Reispudding mit Stachelbeerkompott.

Reispudding mit Aprickosen & Mandeln.

Reispudding mit Mirabällen.

Reispudding mit Pflaumen.

Reispudding mit Apfelmus.

Chokoladenpudding mit Mandeln
und Vanillensauce.

Eis.

1 l. Milch 4 Eier 1 Eßlöffel Mondamin
1 Stange Vanille, Zucker nach Geschmack.

Eierspeisen.

Spiegeleier : Bratkartoffeln.

Rühreier: Spinat.

Gekochte Eier Salat u. Butterbrot.

Russische Eier: Senfsauce.

Verlorene Eier: in Bauillon.

Verlorene Eier: u. Tomatensauce.

Sardellen Eier: u. Aufschnitt.

Pfannkuchen.

Eierkuchen, Butterbrot & Aufschnitt.

Schnittlauchkuchen & Salat.

Apfelkuchen : Pflaumenkuchen.

Pufferplätrchen: u. Pflaumenmus.

Gelees und Gefrorenes

Himmbeeren & Johannisbeeren.

Auf ein Liter Himmbeeren oder Johannisbeerensaft rechnet man 2 ℔ Einmach-Zucker. Ausgären.

Himmbeersaft.

1 ℔ Himmbeersaft, 450 gr. Zucker, Saft gären lassen.

Johannisbeer Gelees.

2½ ℔ Saft und 6 ℔ Stampfzucker, garnicht kochen lassen, kurz vorm kochen abnehmen.

Johannisbeer Gelee.

1½ ℔ Saft, 3 ℔ Einmach-Zucker, ¼ Stunde kochen lassen.

Preißelbeer-Gelee.

Auf 1 Liter Preißelbeeren-Saft rechnet man 2 ℔ Zucker.

Preißelbeeren.

6 ℔ Preißelbeeren, 4 ℔ Zucker. Preißelbeer-Kompott.

Johannisbeeren Marmelade.

8 ℔ Johannisbeeren, 10 ℔ Zucker. ½ Stunde kochen lassen.

Gelees & Gefrorenes.

Stachebeer - Marmelade.

6 ℔ reife Stachelbeeren, 7½ ℔ Zucker, 3/4 Stunde kochen lassen.

Obst Marmelade.

5 ℔ Birnen, 5 ℔ Äpfel, 5 ℔ Pflaumen, 4 ℔ Zucker, 4 Stunden kochen lassen.

Himmbeer und Johannisbeersaft.

Man preßt die rohen Früchte in einer Fruchtpresse, läßt sie in einem Steintopf ausgären und kocht ihn dann, 1 L. Saft und 2 ℔ Zucker schön ein füllt ihn in Flaschen und korkt sie nach dem Erkalten zu.

Himmbeer und Johannisbeersaft.

Auf 3 ℔ Beeren rechnet man 25 gr. Citronensäure aufgelöst in 1½ L. heißem Wasser. Das Wasser wird über die Beeren gegossen und das Ganze läßt man 24 Std. stehen. Dann wird es durch ein (Sieb) Tuch gelassen. 4½ ℔ Zucker hinzugefügt und wieder 24 Stunden stehen lassen unter häufigem Umrühren.

In Flaschen gefüllt mit Mull oder Leinen zu gebunden.

Brombeermuß.

Auf 4 Teile Beeren rechnet man 1 Teil Zucker dieser muß mit etwas Wasser zergehen, klar kochen dann kommen die Beeren hinzu und müssen unter Umrühren kochen, bis der Saft dicklich ist, dann füllt man sie in Gläser wie Preißelbeeren.

Heidelbeeren.

Die verlesenen trocknen Beeren werden in trockne Krüge gefüllt, wobei man den Krug öfter aufstößt, das sich die Beeren zusammen setzen. Dann korkt man die Krüge zu legt sie sorgsam 3/4 Stunde in einen Backofen, nimmt sie heraus, verschließt sie mit Siegelack. Beim Gebrauch kann man die Beeren mit Zucker eben aufkochen, oder nur süßen.

Pflaumen in Zucker.

Auf 4 ℔ Pflaumen, 2 ℔ Zucker wird mit Wasser geläutert die Pflaumen hinein gelegt, eben aufkochen warm in Gläser gefüllt, 1 Stück Pergament-Papier in Rum gelegt und darüber, dann warm fest verschlossen.

Pflaumen in Essig u. Zucker.

6 ℔ Pflaumen 2 ℔ Zucker 2/5 l. Weinessig 8 gr. Zimmt die Pflaumen abreiben in den kochenden Zuckeressig auf-kochen, warm in Gläser füllen, den Saft einkochen über die Pflaumen schütten, warm schließen.

Apfelgelee.

Man verwendet am besten Falläpfel, jedoch niemals süße Äpfel, schneidet dieselben halb durch, entfernt alle schlechten Stellen, übergießt sie reichlich mit Wasser und kocht sie weich. Nunmehr füllt man die ganze Masse in ein reines Leinentuch oder leinen Sack und hängt es an geeigneter Stelle zum Auslecken, welches ungefähr bis zum anderen Tage dauert. Auf 1 Liter des erhaltenen Saftes, nimmt man nur 3/4 - 1 ℔ Zucker und kocht bis zur Geleestärke ein. Man kann dem Gelee etwas Vanille oder auch einige Citronenscheiben beifügen. Letztere nimmt man natürlich vor dem Einfüllen wieder heraus.

Apfelgelee.

Man schneidet das Kerngehäuse heraus und die Äpfel in 4-5 Teile, wäscht sie, tut sie in einen Kochtopf und bedeckt sie mit kochendem Wasser. Sind sie gar, so läßt man sie einige Stunden durch ein leinenes Tuch laufen, dann wiegt man auf 1 ℔ Saft 1 ℔ Zucker und läßt ihn kochen bis er die Geleeprobe besteht. Man füllt ihn in Töpfe oder Gläser wie Preißelbeeren.

Eingemachtes

Essigbirnen.

Man kocht 1 L. Essig mit 2 " Zucker, 3-4 Stücke Ingwer klar, tut 6 " geschälte Birnen hinein und läßt sie darin weich kochen, nimmt sie heraus und gießt (und) den Essig darüber. Am 2 Tage kocht man den Essig nochmals auf und gibt ihn wieder auf die Birnen, dann füllt man sie in Gläser wie Preißelbeeren.

Essigpflaumen.

5 " reife blau Pflaumen wischt man mit einem Tuche ab, dann kocht man 1 L. Weinessig mit 1½ " Zucker auf, gibt, sobald er klar ist, die Pflaumen hinein, läßt sie aufkochen nimmt sie mit einem Schaumlöffel heraus, tut sie in Gläser und gibt etwas ganzen Zimmt und Nelken dazwischen den Essig läßt man noch ein wenig aufkochen und gießt ihn kalt auf die Pflaumen.

Kürbis – eingemacht.

Man nimmt einen reifen Kürbis schält ihn bis auf das Fleisch, schneidet ihn auseinander schabt das Kerngehäuse heraus, zerteilt den Kürbis in fingerlange, 2 Finger breite Stücke und wiegt ihn, dann legt man die Stücke in eine Schüssel und übergießt ihn mit Essig und läßt ihn so 12 Stunden

stehen, dann läßt man ihn ablaufen. 3 ℔ Zucker auf 6 ℔ Kürbis läßt man mit 3/4 L. Wasser klar kochen, gibt den Kürbis und etwas Ingwer und Citronenschale hinein und läßt ihn ca. 1/2 Stunde kochen bis die Stücke klar nicht zu weiche sind.
Nach dem Erkalten in Gläser füllen.

Süße Gurken wie Kürbis.

Kürbis in Zucker.

Der Kürbis wird geschält, ausgekernt, in Fingerlange und 2 Fingerlange Stücke geschnitten und lasse diese in starksiedeldem Wasser einmal aufkochen, dann auf ein Sieb schütten und erkalten. Dann 3 Tage hintereinander in Zuckerlösung aufkochen bis die Stücke klar werden. Auf 2 ℔ Kürbisstücke 2 ℔ Zucker dann die Stücke in ein Glas füllen und den Saft dick aufkochen und darüber giessen.

Kürbismarmelade mit Ingwer.

Vom Kürbis werden fingerdicke Scheiben in fingerdicke Stücke geschnitten und mit Wasser knapp bedeckt mit einem kleinen Essig oder Weinzusatz weich gekocht zu 1 Kilo Kürbis wird 1/2 Kilo Zucker mit 1 Teelöffel pulverisierter Ingwerwurzel getan und unter ständigem Rühren gekocht, bis eine glatte, stückenlose Marmelade entstanden ist.

Eingemachte Gurken.

Die Gurken werden gebürstet, gewaschen und mit Salz bestreut, 24. Stunden stehen lassen, dann abtrocknen und in einem Steintopf gelegt, dann Dille, Zwiebeln, Pfefferkörner, Senfkörner, Lorbeerblätter eine spanische Pfefferschote, 1 Teil Essig, 2 Teile Essig-Wasser aufkochen lassen, und hinzu schütten, wenn es kalt ist.

Senfgurken.

Die Gurken werden geschält in längliche Stücke geschnitten, und mit einem silbernen Löffel ausgekratzt 24 Stunden in Salz legen, dann abtrocknen und in große Einmach-Gläser gelegt. Die Perlzwiebeln werden gleich miteingelegt, aber vorher etwas salzen, Dille und Senfkörner werden erst nach 14 Tagen hinzu getan, weißer Essig und Wasser nach belieben aber vorher aufkochen lassen und kalt werden. Nach 14 Tagen wird der Essig aufgekocht, wenn er klar geblieben ist. Soll der Essig nicht klar sein, so muß man von neuem Essig und Wasser nehmen.

Senfgurken mit Zucker.

Zu 20. Gurken nimmt man 1 ℔ weißen Zucker, 2 Händevoll Chalotten, 2 Loth weißen Pfeffer, 2 Stück Meerrettig in dünnen Scheiben geschnitten. 1 ℔ gelbe Senfkörner, etwas gehackte Zwiebel und 2. Händevoll Salz. Alles wohl gemischt mit den ausgehöhlten Gurken, die man in Stücke schneidet und dann alles lagenweise in einem Topfe legt mit Weinessig begießt. Nach 8 Tagen gießt man die Flüssigkeit ab, kocht sie auf und gießt sie auf die Gurken und nach dem Erkalten wird der Topf gut zu gebunden.

Salz-Gurken.

Die Gurken werden gewaschen und mit Salz eingerieben, auf 65 Stück nimmt man 1 ℔ Salz und für 10 ₰ Weinsteinsäure, auf jede Lage Gurken legt man Weinblätter, Kirschblätter, Dille und etwas Salz, bis man zuletzt die Gurken mit Wasser bedeckt und die aufgelöste Weinsteinsäure darüber gießt. Man beschwert den Deckel sodaß die Gurken etwas gedrückt werden, und nimmt den Kahm ab.

Die Gurken werden 14 Tage in der Nähe vom Ofen gestellt, dann draußen im Garten.

Grüne Tomaten.

Verwendung für ganz harte, nicht gereifte Früchte. Man wischt die Tomaten ab, schneidet sie in Stücke und kocht sie in Wasser weich, worauf man sie abtropfen läßt und mit Zuckersafte übergießt, in dem sie über Nacht stehen bleiben. Auf 500 gr. Tomaten rechnet man 300 gr. Zucker. Am folgendem Tage werden sie in dem Zuckersaft kurze Zeit gekocht, 2 Tage damit noch stehen gelassen und dann der Saft für sich allein dick gekocht. Ist dies erreicht, gibt man 1/4 l. Weinessig (auf 2 l. Zuckersaft gerechnet) etwas feingeschnittene Citronenschale und Vanille hinein, und füllt sie in luftdicht verschließende Gläser.

Sülze.

1 ℔ Schweinefleisch, 1 ℔ Kalbfleisch ein Kalbfuß, 8 Blätter Gelantine 2. Teile Wasser 1 Teil Essig, Zwiebeln, Pfefferkörner, Lorbeerblätter, 1 Teelöffel Zucker. Salz.

Sülze.

1½ ℔ Schweinefleisch 2 Schweinpfötchen oder Kalbsfuß, 2. Teile Wasser 1 Teil Essig je nach Belieben. Salz, Zwiebeln, Lorbeerblätter, Pfefferkörner, und Zucker.

Sülze.

von saures Enten- u. Schweinefleisch.

Die Enten werden gereinigt, ausgewässert und in Stücken zerteilt. Die Teile werden abgetrocknet und in einen Topf gelegt, worin sich 2 Teile Wasser und 1 Teil Essig befindet. Eine große Zwiebel, Lorbeerblätter, Pfefferkörner einen Teelöffel Zucker und Salz. Kalbsfuß und 2 u Schweinefleisch muß mit gekocht werden, dann nimmt man beim ersten Aufkochen das Unreine ab bis es klar ist. Man läßt es langsam kochen bis es weich ist, die Stücke werden herausgenommen und der Gallat durch ein Tuch und Sieb geschüttet. Darnach mit 35 Blätter weiße Gelatine aufgekocht. Die Stücke werden in Stein-töpfe gelegt und der Gallat darüber gegossen. Will man es länger aufbewahren, so gibt man aufgelöstes Nierenfett darüber.

Gesellschaftsessen: Sekt u. Vorspeise.

Pastete und geröstetes Weissbrot fertig geschmiert mit gute Butter. Gebratenen Puter.

Salmensauce mit Pilze.

Tomatensalat, Kopfsalat, Selleriesalat mit Bratkartoffe

Eis mit Mandelstangen und Makronengebäck

Belegte Butterbrote, Wein und Bier.

Pasteten

Pastete Vorspeise.

Blätterteig, Gebratenes Geflügelfleisch und gebratenes Kalbfleisch wird in ziemlich kleine Würfel geschnitten, dann wird ein grosses Stück gute Butter geschmolzen mit Mehl und Bouillon glatt gerührt. Salz, Pfeffer, etwas Citronensaft, Kapern und kleine Pilze und zuletzt mit Eiern abgezogen. Diese Masse füllt man in Blätterteigformen, und serviert sie auf Kristall-tellerchen;

Gänseleberpastete.

Gänseleberpastete in Gallat mit Trüffel, Tos sogenanntes geröstetes Weißbrot in Scheiben geschnitten, mit Butterkügelchen.

Vorspeise.

Verlorne Eier Tos sogenanntes geröstetes Weißbrot in Scheiben geschnitten und Tomatensauce.

Das vorgerichtetes Essigwasser läßt man kochen, schlägt die rohen Eier hinein, damit sie sich zusammen ziehen. Dann garniert man die Vorspeise auf einer grossen runden Platte zuerst mit Tos, sogenanntes geröstetes Weißbrot, dann werden die Eier vorsichtig rausgenommen und auf das geröstete

Pastete.

Weißbrat garniert und mit fertiger Tomatensauce da=rüber. die andere Tomatensauce wird extra rumgereicht. Die Tomaten werden in Bouillon ganz weich gekocht dann durch ein Sieb laufen lassen und mit Butter und Mehl angesäurt.

Vorspeise.

Eierplatten mit Spargel.

Die Eier werden hart gekocht und abgepellt, dann auf einer großen runden Platte wird Tos (geröstetes Weißbrat) gelegt die hart gepellten Eier abwechselnd mit fertigen Spargel garniert.

Sauce.

Zwiebel mit Essige und etwas Wasser gargekocht, dann durch ein Sieb gerührt dieses bleibt stehen. dann nimmt man einen Kochtopf und rührt die Sauce ein großes Stück gute Butter, Mehl und Bouillon glatt, dann die andere Masse hinzu gefügt und mit einige Eigelb abgezogen. Diese Sauce gibt man über die angerichtete Spargel- und Eierplatte.

Zuletzt wird die Schüssel mit fein gewiegte grüne Petersilie bestreut.

Vorspeise.

Italinischer Fleischsalat, Ölsardinen, Sadellen-Eier, Gänseleber, Hummer mit Kopfsalat und Tomatensalat garniert.

Dieses füllt man auf kleine Christalltellerchen und wird auf einer großen Platte aufgesetzt.

Hierzu gibt man Tos (geröstetes Weißbrot) mit Butterkügelchen.

Vorspeise.

Horrdörplatten.

Italinischer Fleischsalat auf Glastellerchen gefüllt. Dann: Eier, Lachs, Sadellen, Sardinen, Gänseleber, feine Würstwaren, rohen u. gekochten Schinken, und Rauchfleisch. Dieses alles wird auf fertig geröstetes Weißbrot mit Butter bestrichen, und zu fertigen Butterbrote gemacht.

Die fertigen Glastellerchen mit dem Fleisch-Salat setzt man in der Mitte von der Platte; die Butterbrote werden hübsch verziert und mit grüner Petersilienblättchen garniert.

Gesellschafts-essen

En godden Dronk höllt Lief on Sial gesongk!

Gesellschaftsessen.

Vorspeise.

fertige Schwedische Platten.

Enten-Braten mit Erbsen und Böhnchen, garniert mit Tomaten u. Salzkartoffeln.

Nachtisch.

Schlagsahnentorte u. Obst wie:
Äpfel, Nüsse, Weintrauben,
u. Banannen.

Käseplatte.

Vorspeise.

Gänseleberpastete.

Hahnenbraten mit Sahnensauce, Erbsen mit kleine runde Bratkartoffeln.

Mokkakaffee mit kleines Gebäck.

Wurstschnitten u. Bier.

Vorspeise.
Bouillon in Tassen mit Käsestangen.

Rinderbraten, Gurken und Kopfsalat,
Salz-Kartoffeln.

Nachtisch.
Eis mit Makronenplätzchen.

Erdbeer-Bohle.

Vorspeise.
Verlorne Eier.

Gebratene Puder mit Erbsen und
Wachsböhnchen u. Kartoffeln.

Nachtisch.
Standpudding mit Makronen u. Kirschen.

Annanas-Bohle.

Platte mit belegte Butterbrote.

Vorspeise.
Bouillon in Tassen mit Weißbrot.

Schweinebraten, Sauerkraut u.
Kartoffel - Pürree.

Nachtisch.
Wackelpeter, Weinspeise mit Weinkrem.

Vorspeise.
Eierplatten mit Spargel.

Kalbsbraten mit Erbsen u. Möhrchen,
Salzkartoffeln mit Buttersauce u.
gewiegte Petersilie.

Nachtisch.
Schlagsahnentorte und Konfekt.

Käseschnitten
von Pumpernickel & Schwarzbrot.

Konfirmationsessen.
Curt Clarenbach.

Mittagessen.
Bouillon mit Blumenkohl u. Eierstich.
Ochsenfleisch m. Kopf- u. Gurkensalat.
Salzkartoffeln.
Nachtisch.
Chokoladenpudding mit Mandeln
und Vanillensauce.
Mokkakaffee m. Kuchen u. klein Gebäck.

Abendessen.
Vorspeise.
Blätterteig Pastete (s. Seite 64.)
Bouillon wird immer nach der Pastete serviert.

Bouillon in Suppentellern mit Eiergraupen, Markklößchen und Spargel.

Markklößchen:
Zwieback, Muskatnuß u. Eiweiß.

Kalbsbraten mit Erbsen u. Wachsböhnchen.
Kartoffeln m. Petersilie garniert.

Nachtisch.

Ananas (fertig in Konserven)
mit Schlagsahne.
Mokkakaffee mit Mailänder-Torte
u. Kleingebäck.

Apfelsinen-Bohle und
Käseplatten.

Geburtstagsessen.
Erfurt.

Pastete. Gänseleber.
Krebssuppe in Tassen, mit Käsestangen.

Puthähne Kaiser-Erbsen, kleine runde
Bratkartoffeln u. Sahnensauce.

Dessert.

Vanillencrem mit Pfirsiche und
Erdbeerkonfitür.

Mokka mit Mandelstangen u. Pralinen.

Ananasbohle u. allerlei Obst.
Aufschnittplatten.

Silberhochzeit Wesenberg. 8. Mai 1913.
Vorspeise.
Bouillon in Tassen mit Brötchen.
Hühnerfrikasee mit Fleischklößchen von
gehacktes Kalbfleisch, und Zwiebackklößchen.
Mit Spargel, Blumenkohl u. Blätterteig
garniert.

Fillebraten mit verschiedene Gemüse.
wie: Erbsen, Möhrchen, Böhnchen,
Blumenkohl, Spargel, Pilze und
Schneideböhnchen.
Petersilienkartoffeln u. Sahnensauce.

Dessert.
Warmer Brotpudding mit Chaudeau.

Käseplatten.

Torte, Wein-Gebäck, Obst.

Apfelsinen-Bohle.

Silberhochzeit Familie Wiese. 17. Dez. 1924.

Kaffee.

Kuchen, Hefe Gebäck u. kleines Gebäck.
Sahne, Butterkügelchen, Pumpernickel, Schwarzbrot,
Schweizer - Edamer - Camerbertkäse.

Abendessen.

Vorspeise.

Hühnersuppe mit Reis und Blumenkohl.

Kalbskeule mit Sahnensauce.
Erbsen u. Möhrchen, Salzkartoffel.

Schneeballen mit Vanillensauce,
als Dessert.

Käseschnitten
von Schwarzbrot u. Pumpernickel.

mit Bier.

Mokkakaffee, Marzipantorte,
u. Butterkremtorte.

Bohlen.

Apfelsinen - Bohle.

Annanas - Bohle.

Erdbeer - Bohle.

Waldmeister - Bohle.

Konfirmationsessen.

Kene.

Kaffee mit allerlei Gebäck, Torte, Berliner-Ballen, Streuselkuchen, Mandelkranz, Verschiedene Käse. Butterkügelchen, Pumpernickel, Weißbrot, Schwarzbrot.

Abendessen.

Ochenrinderbraten mit Sahnensauce. Erbsen u. Salatböhnchen. Kartoffeln mit gewiegte Petersilie.

Dessert.

Götterspeise mit Schlagsahne.

Mokkakaffee mit Fruchttorte u. Gebäck.

Aufschnittplatten m. Bier.

Backwerk

„Wä well godde Koken backen/Dä mott nehmen sewen Saken:/ Eier on Solt/Botter on Schmolt/ Melk on Mehl;/ Zafroon mackt den Koken geel.“

Backwerk.

Weihnachts-Gebäck.

Makronen.

1 ℔ süße geriebene Mandeln darunter einige bittere, 1 ℔ gestoßenen Zucker. 6 zu Schnee geschlagene Eiweiß werden durch einandergerührt, von diese Masse werden kleine Bällchen gedreht und dieselbe in Mittelhitze auf einer mit Wachs bestrichene Platte gelb gebacken.

Makronen.

3 Eiweiß, 1/2 ℔ Zucker, 1/2 ℔ geriebene Mandeln, etwas abgeriebene Citronenschale, das Eiweiß wird mit dem Zucker verrührt, dann das andere nach. Man setzt die Masse in kleine Häufchen auf einer mit Wachs bestrichene Platte.

Makronen.

1 ℔ süße, 1/8 ℔ bittere Mandeln, Schnee von 12 Eiern, 2 ℔ Zucker, 1 Citronenschale und Saft 1 Stange Vanille einige Zwiebäcke oder 1 Eßlöffel Mehl. Von diesen werden kleine Bällchen gedreht und auf einer mit Wachs bestrichenen Platte gelb gebacken.

Spekulatius „Norwegen".
Pfefferkuchen = Rezept.

1/4 ℔ Butter im Kochtopf zerlassen, zusammen mit 3/4 ℔ Zucker, 5 gr. gestoßenen Nelken, 5 gr Cardemon 1/4 ℔ Citronat und abgeriebene Citronenschale, 5 gr. gestoßenen Zimmt, 3/4 ℔ Apfelkraut bringen dies alles zum Kochen, schütte unter fortwährenden Rühren die Masse in eine Schüssel und füge 30 gr. in heißem Wasser aufgelöste gereinigte Pottasche hinzu. Rühre alles bis zum Erkalten und dann nach und nach 2 ℔ Mehl hinzu.

Kalt aufbewahren und am nächsten oder übernächsten Tage ausrollen; mit kleinen Formen austecken und auf einem eingefetteten Blech im Ofen backen.

Spekulatius.

1 ℔ Mehl, 1 ℔ Zucker, 1/2 ℔ Butter 2. ganze Eier 1 ganze Citrone, 1 Löffel Zimmt eine Messerspitze Hirschhornsalz oder ein 1/2 Paket Backpulver. Ingwer, Cardemon, Nelkenpfeffer von jedem einen Zucker=löffel voll.

Spekulatius.

5 1/2 ℔ Mehl 2 ℔ Butter, 2 ℔ Zucker, 4 Eier, 2 Tassen Milch.

Feines Spekulatius.

1 ℔ feines Mehl, 1 ℔ Zucker, 1/2 ℔ gute Butter, 3 Eier, 2 gr. Hirschhornsalz, man kann auch etwas Citronenöl hinein tun.

Teig am besten am Tage vorher fertig machen.

Spekulatius.

3 1/2 ℔ Mehl 2 ℔ Zucker 2 ℔ Butter (gute) 3/4 ℔ Mandeln, 4 Eier, 1 Eßlöffel Zimmt, etwas geriebene Citrone, 1 Tasse Milch.

Spekulatius.

1 ℔ Mehl, 1/2 ℔ Zucker, 200 gr. gute Butter, 1/8 ℔ Mandeln, 2 Eier, 2 gr. Hirschhornsalz.

Chokoladen-Plätzchen.

8 Eiweiß zu Schnee geschlagen, 1/2 ℔ Chokolade und 1/2 ℔ Zucker, 6 Loth Kartoffelmehl das Blech mit Mehl bestreut und die Masse löffelweise auf gesetzt.

Plätzchen.

Vom 1/2 ℔ Butter: 9 loth Zucker mit 4 Eigelb 1 ℔ Mehl wird ein Teig gemacht, dieser wird gerollt, ausgestochen mit gequirlten ganzen Ei bestrichen und bei linder Hitze gebacken.

Butter-Plätzchen.

2 ℔ Mehl, 1 ℔ Zucker, 1 ℔ gute Butter, 4 ganze Eier, 1 Guß Rum, 1/2 Paket Backpulver. Die Butter wird ins Mehl und Zucker gepflückt dann kommen die Eier, Rum und zuletzt das Backpulver, der Teig wird ausgerollt und mit Förmchen ausgestochen, dann auf einer Speck bestrichenen Platte hellgelb gebacken.

Pfeffernüsse (gutes Rezept)

6 ℔ Syrob, 6 ℔ Mehl, 3 loth gereinigte Pottasche, 1 ℔ Butter, 1/2 ℔ Gänse- oder Schweineschmalz, Nelken, Zimmt, Cardemon, und Muskat zusammen 1 loth. Sukade für mindestens 30-50 ₰ fein in Würfel schneiden, überzuckerte Pommranzenschale, auch etwas gute abgeriebene Citronenschale.

Butter u. Syrob setzt man aufs Feuer wenn es kurz <u>vor</u> dem kochen ist, dann die Pottasche schnell dazu, umrühren. aber <u>kurz vorher</u> ehe es kochen wird schnell abnehmen. Das Mehl, welches in einer Schale vorher mit den feingestoßenen Gewürzen vermischt worden ist; dazu wird nun die Masse gegossen welche vom Feuer genommen ist. Alles wird nun tüchtig zusammen gestampft. Dann die Masse fein mit einer Serviette zugedeckt und einen Tag ruhig stehen lassen. Von dieser Masse werden kleine Nüsse gedreht und in Mittelhitze mit Butter bestrichenes Blech braun gebacken. Vorher das die Nüsse gebacken werden, legt man eine halbe Mandel darauf.

Baseler Weihnachtsgebäck.

375. Gr. Butter (gute) 3/4 " Zucker, 2 Löffel Rosenwasser 5 Eier, 2 " Mehl, 1 Messerspitze Hirschhornsalz, und Vanille in Zucker gestoßen, dieses wird zusammen geknetet, ausgerollt nicht zu dünn geformt mit einem Rädchen in längliche vierecke und in abgeklärter Butter oder Schmalz gekocht. Mit einer silbernen Gabel oder Löffel werden sie beim Kochen herumgedreht und wenn sie braun sind herausgenommen, in Zucker und Zimmt umgedreht zum Backen dieser Masse hat man 3 " Schmalz oder 1 " Butter und 2 " Schmalz.

Weiße Pfeffernüsse.

1/4 " Butter wird zu Sahne gerührt darauf 1 " Zucker mit 5 Eigelb hierauf nach u. nach 1 " Mehl sowie 1/4 " süße gestoßene Mandeln auch einige bittre dazu, Citronenschale und Cardemom nach Belieben und zuletzt daß zu Schnee geschlagene Eiweiß, zu empfehlen ist noch ein erbsengroßes Stück Hirschhornsalz. Alles gut durcheinander gerührt, in kleine Häufchen gesetzt und hellbraun gebacken.

Aachener Printen.

1/2 " Kunsthonig, 1 " Mehl, 300 gr. Zucker, 1/8 " Citronat, 1/8 " Mandeln, 3 gr. Nelkenpfeffer, 3/4 P. Backpulver. Citronat u. Mandeln schneidet man in sehr kleinen Würfel.

Printen von Apfelkraut.

1 ℔ Mehl, ½ ℔ Apfelkraut, 200 gr. Zucker, 1 Teelöffel Zimmt, 1 Teelöffel Anissamen, ½ Teelöffel Nelkenpfeffer 1 P. Backpulver.

Chokoladenguß darüber.

Zimmtsterne.

4 Eiweiß werden zu Schaum geschlagen, mit ½ ℔ Zucker und etwas Zitronensaft ½ Std. gerührt, hierauf 10 gr. gestoßenen Zimmt und ½ ℔ mit der Schale geriebenen Mandeln, darunter gemengt und nachdem man den Teig in Mehl herumgedeckt hat. Dieselben werden auf ein Blech gelegt und mit einem Guß bestrichen.

Zu einem solchen Guß nimmt man 1 Eiweiß und rührt diese mit 75 gr. Zucker dick. Besser wenn man den Teig über Nacht in den Keller stellt und die Rolle mit Wasser anfeuchtet anstatt Mehl zu nehmen.

Zimmtsterne.

1 ℔ Mehl, 200 gr. Butter, ⅛ ℔ Zucker, 2 Eier, 4 gr. feiner Zimmt, 1 Messerspitze Hirschhornsalz. Den Teig ziemlich dick ausrollen und in Sterne ausstechen, dann mit zerklopftem Ei bestrichen, darauf ziemlich grobkörnigen Zucker streuen und bei ziemlich starker Hitze backen.

Berliner Kränze.

3/4 ℔ Mehl, 1/2 ℔ gute Butter, 1/2 ℔ Zucker, 10 hart=
gekochte Eier, wovon nur das Gelbe genommen wird und
zerreibt diese; dieses alles zusammen geknetet, kleine Kränze
davon gemacht, in Eiweiß umgewendet und mit Hagel=
zucker bestreut und auf einer Platte hellgelb gebacken.

Berliner Kränze.

8 Eier, 250 gr. Zucker, 1 ℔ Mehl, 1/2 ℔ gute Butter,
4 Eier hart kochen davon das Gelbe stark verrühren
mit den übrigen 4 Eidottern. Zucker dazu und darin
Mehl und Butter geknetet. Die Kränze in Eiweiß um=
drehen und mit groben Zucker bestreut.
Gleich backen.

Nußplätzchen.

3 Eier, 1/2 ℔ Zucker, 1 ℔ gemahlene Nüsse, etwas
Zimmt und Muskatnuß. Wenn man nicht genügend
Nüsse hat, kann man auch etwas süße Mandeln
dazu nehmen. Die Eier werden mit dem Zucker
verrührt, dann Nüsse und Gewürz hinzu getan,
und zu einem steifen Teig verrührt.
Derselbe wird ausgerollt und mit einem
Weinglas abgestochen.

Nußstangen.

8 Eiweiß, 1/2 ℔ gemahlene Nüsse 3/4 ℔ gemahlene Mandeln, 3/4 ℔ Zucker der Teig gut geknetet, aufgerollt und fingerlange Stangen abgeschnitten mit geschlagenem Eiweiß überstrichen u. gebacken.

Nußbrödchen.

4 Eiweiß, 1/2 ℔ Zucker, 1/4 ℔ gemahlene Nußkerne 1/4 ℔ gemahlene Mandeln mit Schale, 10 g Vanille etwas Citronensaft, Eiweiß zu Schnee, dann mit Zucker und Citrone 1/4 Std. rühren, etwas zum bestreichen zurück halten, dann mit Nüsse und Mandeln gemischt, ausrollen und in Streifen schneiden.

Heidesand.

Man muß 1 ℔ Butter hellbraun braten, und rührt dann, nachdem die Butter etwas abgekühlt ist, 1 1/4 ℔ Zucker und gestoßene Vanille nach Geschmack, dann gibt man 1 1/2 ℔ Mehl und einen knappen Teelöffel Hirschhornsalz darunter man nimmt kleine Klöße vom Teig ab und backt sie in Makronen Hitze.

Spritz-Gebäck.

1/2 ℔ Butter 1/2 ℔ Zucker, 5 Eigelb 1/2 Citrone, 1/2 Teelöffel Zimmt, 3/4 ℔ Mehl. Man gibt die Masse in die Spritze und formt verschiedene Figuren auf die Platte.

Spanischer Wind.

5 Eiweiß zu Schnee, 1/2 " Zucker, 65 gr. geriebene Chokolade und etwas Citronenöl. Diese Masse wird mit 1 Teelöffel auf eine mit Wachs bestrichene Platte gesetzt und langsam gebacken.

Makronen-Plätzchen von Kokosmehl.

1 " Kokosmehl, 3/4 " Zucker, 3 Eier, 1/2 " Butter, etwas Mandelöl.

Vanille-Gebäck.

Zutaten: 250 gr. Butter, 150 gr. Zucker, 1 P. Vanillenzucker, 100 gr. Mandeln, 4 Eier, 500 gr. Mehl, 1/8 l. Milch oder Rahm, 1/2 P. Backpulver.

Zubereitung: Butter u. Mehl (letzteres mit dem Backpulver gemischt) knetet man zu einem Teig. Das Eigelb, 100 gr. Zucker, den Vanillenzucker und die Milch verklappert man arbeitet alles mit obigem Teig zu einer Masse, welche sich gut ausrollen läßt. evt. fügt man noch etwas Mehl hinzu. Den ausgerollten Teig schneidet man in rechteckige Stücke, bestreicht diese mit Eiweiß, streut die in Spänchen geschnittenen Mandeln, die man mit 50 gr. Zucker gemischt hat, darüber und backt bei Mittel-Hitze.

In Blechdosen aufzubewahren.

Kaffee-Gebäck.

Waffeln.

1 ℔ Mehl, 1/4 ℔ Butter, 1/4 ℔ Stampfzucker, 5 ganze Eier, 2 P. Vanillenzucker, 1/2 P. Backpulver, Salz nach Geschmack.

Zimmtröllchen.

1/2 ℔ Mehl, 1/4 ℔ Stampfzucker, 3 Eier, 5 Lot Zimmt, 1/8 ℔ Butter, 1/2 Liter Milch.

Mailänderschnittchen.

1/4 ℔ Butter, 200 gr. Zucker, 250 gr. Mehl, 1 Guß Rum u. 1 Ei. Diese Masse breitet man auf der Platte aus. Ist sie halb gar schneidet man sie in hübsche Streifen.

Berliner Brot.

1 ℔ Weizenmehl, 1 ℔ Zucker, 3/4 ℔ süße Mandeln, 5 gr. gestoßene Nelken, 4 Eier, 1 Messerspitze Hirschhornsalz, 1/2 ℔ Chokolade. Eier, Zucker u. Chokolade werden gut verrührt, dann die ganzen ungeschälten Mandeln hinzu und zuletzt das Mehl darunter gemischt; diese feste Masse streicht man mit einem Messer fingerdick auf ein gut mit Wachs bestrichenes Blech. Der Kuchen warm in Streifen schneiden.

Schürzkuchen.

3/4 ℔ Butter, 3/4 ℔ Zucker, 3 ℔ Mehl, 6 - 8 Eier,
1/4 l. Milch, 1 abgeriebene Citrone, etwas Vanillenzucker,
1 Eßlöffel Rum, 8 - 10 Schoten Cardemom.

Schürzkuchen.

6 Eier, 1/4 ℔ zerlassene Butter, 3/4 ℔ Zucker, etwas Salz,
2 ℔ Mehl u. etwas Milch. ~~Der Teige~~ ausgemangelt,
geformt in Schleifen und in Fett oder Schmalz gekocht.
Nachher mit Zucker u. Zimmt bestreut.

Spritz-Gebäck.

Man nimmt 10 Eidotter und rührt den Schnee von
6 Eiern hinzu. Dann 3 ℔ Mehl, 1 1/2 ℔ Zucker, 200 gr.
zur Sahne gerührte Butter für 20 ₰ Cardemom,
1/4 l. Franzbranntwein oder Rum u. die Schale
einer Citrone den Teig läßt man über Nacht
stehen, rollt ihn aus, schneidet mit dem Back-
Rädchen Streifen 3 cm. breit, die zu Streifen
verschlungen werden und kocht diese in
siedelnen Fett.

Berliner-Ballen.

1 ℔ Mehl, 2 ganze Eier, 50 gr. Hefe,
100 gr. Butter u. 100 gr. Zucker u. 1/4 l. Milch.
Füllen mit Marmelade.

Berliner-Ballen.

1 ℔ Mehl, 1 l. Milch 25 Pf. Hefe, 3/4 ℔ Zucker, 2 Flaschen Citronenöl, etwas Salz, 1/2 ℔ Butter. Das Mehl gibt man in eine Schüssel, in die Mitte die angerührte Hefe. Die Butter wird zerlassen. Dann das andere hinzu. Ist der Teig fertig so muß er gehen. Dann wird er ziemlich dick ausgerollt, und mit einem Weinglas ausgestochen. In die Mitte etwas Marmelade. Dann werden 2 Teile aufeinander gelegt und auf einer Platte gehen lassen. Sie werden in heißem Schmalz gebacken 8-10 Min. und mit Zucker bestreut.

Bisquit-Kuchen.

1/2 ℔ Mehl, 1 ℔ Zucker, 10 Eier, die Eidotter werden mit dem Zucker verrührt, dann nach und nach das Mehl und 1 ganzes Ei dazu, dann den Schnee hinzu. Mandeln und Zucker nimmt man zum bestreuen.

Bisquit-Kuchen.

9 Eier, das Gelbe mit 1/2 ℔ Zucker, 1/4 Stunde schlagen, das Eiweiß zu Schnee schlagen, die Hälfte darunter rühren, 1/4 ℔ Kartoffelmehl, 1/4 ℔ Blütenmehl dazu rühren, dann den Schnee noch dazu.

Bisquit-Kuchen.

3/4 ℔ Zucker, 8 Eier, 1/2 ℔ Kaisermehl, ein Paar Tropfen Citronenöl. Man hält von 4 Eiern das Weiße zurück, das zu steifen Schnee geschlagen wird, die übrigen Eier rührt man mit dem Zucker 1/2 Std, gibt dann das Mehl durch ein Sieb gerührt hinzu, und zuletzt das Eiweiß. Man kann auch 1/4 ℔ süße Mandeln, worunter 4 bittere sein dürfen und 1/4 ℔ Kaisermehl nehmen, was den Kuchen sehr verfeinert.

Sand-Torte.

Man schlägt 1 ℔ Butter zu Sahne und schlägt nach und nach 10 Eidotter dazu, ebenso 1 ℔ Kartoffelmehl, und 1 ℔ feines gestoßenen Zucker worauf vorher 1. Citrone abgerieben worden ist und rührt das ganze zusammen 1 Std., darauf setze man das zu Schnee geschlagene Eiweiß hinzu und gieße noch 1 Spitzglas Rum hinein, den Teig bringe man in eine ausgestrichene Form und lasse ihn langsam backen.

Sand-Torte.

1 ℔ Kartoffelmehl 1 ℔ Zucker, 1 ℔ Butter geklärte, 12 Eier das Weiße zu Schnee, eine abgeribene Citrone mit Saft, 1 Löffel Rum, 1 Löffel guten Spiritus.

Sand-Torte.

3/4 ℔ Kartoffelmehl, 1/2 ℔ Zucker, 6 Eier, 2 Löffel Weizenmehl, 3/4 ℔ Butter 1/2 P. Backpulver, 1 Guß Rum, 1. abgeriebene Citrone etwas Saft, die Butter wird zur Sahne gerührt, dann Zucker, Mehl, Eidotter und Rum und Citrone dazu. Diese Masse wird 1/2 Stunde gerührt dann der steife Schnee der Eier hinzu und zuletzt das Backpulver.

Sand-Torte.

1 ℔ Butter schaumig rühren, 1 ℔ Zucker, 1 ℔ Kartoffelmehl 10 Eier 1 Citronengelb, 1/2 Citronensaft, 1 Eßlöffel Weizenmehl, 1 Glas Rum.

Elberfelder-Kranz.

3/4 ℔ Butter, 1/2 ℔ Zucker 2 ℔ Mehl 5 Eier, 80 gr. Hefe, etwas Salz, Zitronat, 10 gr. Zimmt, 1/4 L. Milch, 350 gr. Corinthen, 3/4 ℔ Rosinen, 1/2 ℔ Mandeln 2 Fläschen Citronenöl. Die Hälfte des Mehl mit der Hefe, den Eiern, und der Milch aufgehen lassen. Dann fügt man die Hälfte des Zuckers und abwechselnd die flüssige Butter und das Mehl mit dem Citronen=öl unter den Teig. Derselbe wird ausgerollt, dann Rosinen Corinthen, Citronat, Mandeln bestreut, aufgerollt, 1 Stunde backen.

Englischer Kuchen.

1 ℔ Butter, 12 Eier, 1 ℔ Mehl, 1 ℔ Zucker, 1/2 ℔ Korinthen, 1/2 ℔ Sultanien, 100 gr. süße u. 100 gr. bittre Mandeln, 35 gr. Zitronat, 35 gr. Orangenat etwas Citronenschale, u. 1/10 l. Rum. Die Korinthen und Rosinen werden gewaschen getrocknet und mit dem Mehl vermischt. Die Mandeln werden geschält, gerieben, und mit dem Citronat dem Orangenat und der Citronenschale vermischt. Die Butter wird zur Sahne gerührt, mit dem Zucker tüchtig verrührt, dann die Dottern und löffelweise das Mehl und die Mandeln, alles tüchtig nach einer Seite gerührt, dann der Rum und zuletzt der Schaum von 7 Eiern. In der mit Butter und Zwieback versehnen Form 2 1/2 Stunde gebacken.

Nußtorte f. d. Frieden.

1 ℔ Butter, 1 ℔ ausgekernte Nüsse oder Mandeln, 1 ℔ Zucker, 1 ℔ Kartoffelmehl, 12 Eier, 4 Eßl. Rum oder Arracke, 1 Pakat Backpulver, das Eiweiß zu Schnee. Butter und Eigelb 1/2 Stunde zu Sahne rühren und Zucker dann das andere hinzu.

Zuckerguß.

1/4 ℔ Staubzucker, 1 Eiweiß, zu Schnee schlagen, und den Saft einer Citrone.

Kaiser-Friedrich-Torte.

350 gr. Palmin, 350 gr. Mehl, 75 gr. Kartoffelmehl, 350 gr. Zucker, 10 Eigelb, das zu Schnee geschlagene Eiweiß dazu, 1/4 ℔ feingeschnittenen Citronat, 6 bittre Mandeln, 3 Eßl. Rum, 1 Teelöffel Salz, etwas Vanille, 1 P. Backpulver, Palmin zerlassen und mit dem Eigelb und Zucker 1/2 Std. schaumig rühren, dann Rum, Vanille, Citronat, Mandeln, und Salz hinzu, Hierauf abwechselnd Mehl und Eiweiß, zuletzt Backpulver. Diese Masse füllt man in eine mit Butter und Zwieback ausgestrichene Form.

Sofort glasieren.

1 Eßlöffel Eiweiß, 1 Messerspitze Ingwer, 50 gr. gehackter Zitronat, Zucker, Eiweiß, Ingwer werden verrührt und darauf gestrichen, zuletzt Zitronensaft.

Eine Stunde backen.

Rodon-Kuchen.

100 gr. Hefe, läßt man mit etwas Milch und Zucker aufgehen, 3/4 ℔ Butter wird zerlassen und mit 3/4 ℔ Zucker verrührt, dann fügt man 1/4 ℔ gehackte Mandeln, 1/2 ℔ Rosinen, 1. ganze Citrone, 6 Eigelb, 2 1/2 ℔ Mehl, 3/4 l. lauwarme Milch dazu. zuletzt die Hefe und den steifen Schnee, der Teig muß 200 mal geschlagen werden und 1 1/2 Std. backen, nachdem man ihn in der Form hat aufgehen lassen.

Wiener-Torte.

3/4 ℔ Butter 3/4 ℔ Zucker, 6 Eigelb, Saft und Schale 1 Zitrone, 1 1/4 ℔ Weizenmehl, Schnee der 6 Eier. Die Butter wird zu Sahne gerührt, Eigelb und gesiebter Zucker abwechselnd dazugegeben. Dieses schaumig gerührt. Saft und Schale der Zitrone und das angegebene Mehl darunter gerührt, zuletzt der Schnee der Eier untergezogen.

Chokoladen-Guß.

70 gr. Chokolade mit etwas Wasser und 185 gr. Puder=zucker unter beständigem Rühren zu einem dicken Brei gekocht, die Masse muß ziemlich zäh sein und wird heiß über die Torte gestrichen.

Sahne-Kuchen.

1/2 ℔ Butter, 1/2 ℔ Mehl, 4 Eßlöffel dicker saure Sahne werden zu einem Teig geknetet, derselbe wird ausgerollt damit er blättrig wird sehr oft über schlagen, dann läßt man den Teig 1/2 Stunde ruhen, rollt ihn auf ein Blech wie einen Messerrücken dick aus, streicht ihn mit geschmolzener Butter und bestreut ihn dick mit Zucker, setzt das Blech in den Ofen und läßt den Kuchen in ziemliche Hitze backen. Geht der Kuchen in die Höhe, ist er überhaupt halbgebacken so schneidet man beliebige Stücke und läßt ihn nun fertig und schön braun backen.

Brot - Torte.

24 Eigelb werden 1. Std. lange gerührt, 1 ₰ feiner Zucker löffelweise dazu gerührt, 1 ₰ süße Mandeln mit der Schale gerührt, 1. Loth gestoßenen Zimmt 1/2 Loth Nelken die Schale einer Citrone, 4 Loth Citronat und 1/4 ₰ geriebenes Schwarzbrot dann den Schnee von 20 Eiern darunter gerührt und 1 Stunde in heißen Ofen gebacken.

Jäger - Torte.

2 ganze Eier, 8 Eigelb eine 1/4 Stunde rühren, dann 3/4 ₰ mit der Schale geriebene Mandeln, 1 Paket Backpulver den Schnee der 8 Eier hinzu und alles 3/4 Stunde rühren, 1. Stunde backen.

Kaffee - Kuchen.

200 gr. Butter 200 gr. Zucker rühre man recht schaumig zerschlage 7 Eier mit 1/8 L. Milch und rühre dieses nach und nach mit 1 ₰ Mehl unter die Butter wenn alles recht innig miteinander verbunden ist, füge man 100 gr. Korinthen 100 gr. Rosinen und 35 gr. Sukade hinzu eine halbe abgeriebene Citrone. Man streue dann für 10 ₰ Backpulver darüber rührt es leicht durch die Masse, fülle den Teig in eine mit Butter ausgestrichene Form und backe den Kuchen 1/2 Stunde lange.

Kaffee-Kuchen.

1/2 ℔ Mehl, 3/4 ℔ Zucker, 8 Eier, 4 Tropfen Citronenöl, 1/2 Teelöffel Salz, 3/4 ℔ Zucker werden mit den Eiern, wovon 4 Eiweiß zurück gelassen tüchtig gerührt, dann die Eier und das Mehl durchgerührt, die Tropfen Citronenöl und zuletzt das zu festen Schnee geschlagene Eiweiß und sofort in den Backofen gesetzt.

Kaffee-Kuchen.

1 1/2 ℔ Mehl, 4 Eier, 1/2 ℔ Zucker, 1/2 ℔ Butter, 1/2 ℔ Rosinen, 1/8 ℔ Zitronat, 1 P. Backpulver, Saft und Schale einer Citrone 1/4 l. Milch eine Prise Salz. Zubereitung wie Sandtorte jedoch bleiben die Eier ganz.

Kaffee-Kuchen.

1 ℔ Mehl, 1/2 ℔ Butter, 3/4 ℔ Zucker, 5 Eier, daß Eiweiß zu Schnee geschlagen, 1 Eßlöffel Zimmt, 1 Messerspitze Nelken, 1 Tasse guten Kaffee, 1/8 ℔ Citronat, 1/4 ℔ Mandeln, Cardemom nach Belieben, 10 g Backpulver, 1 1/2 Std. Backen. Zubereitung wie Sandtorte.

Kuchen.

3 Eier, Mehl, Zucker, Butter, soviel wie 3 Eier schwer sind. 1 Messerspitze Backpulver.

Pfeffer-Kuchen.

1 ℔ Blütenmehl, 1 ℔ Rübenkraut, 1 1/2 Tasse Milch, 3 Eßlöffel Stampfzucker, 1/8 ℔ Citronat, 1 Teelöffel Natron, 1 Teelöffel Aniskörner, das Ganze kalt untereinander rühren und bei mäßigem Feuer 1 Stunde backen lassen.

Guter Kuchen.

1/2 ℔ Nüsse, oder Mandeln, 1/2 ℔ Stampfzucker, 80 ₰ Hochzieback, 1/2 l. Milch, 1/2 ℔ Griesmehl, 1 P. Backpulver.

Kuchen.

1/4 ℔ geknackte Nüsse, 14 Zwiebäcke, 1 1/2 Tasse Zucker, 2 Tassen Griesmehl, 2 Tassen Milch, 2 P. Backpulver.

Natron-Kuchen.

Man rührt 11. Eier mit 3/4 ℔ Zucker, 1 Std. schlägt 6 Eiweiß zu Schnee, Schale und Säure von 1. Citrone wird gleich unter dem Eigelb getan, dann 1 1/2 ℔ Mehl und 2 Spitzen Natron hinzu und zuletzt den Schnee.

Heißen Ofen erforderlich.

Prinz-Regent.

Königs-Kuchen.

1 ℔ Mehl, 1/4 ℔ Rosinen, 1/2 ℔ Butter, 1/2 ℔ Zucker, 1/4 l. Milch, 5 Eier, 1 Guss Rum, 10 g Backpulver.

Kuchen.

2 Tassen Griesmehl, 2 Tassen Mehl, 2 Tassen Zucker, 2 Tassen Milch, 1/2 ℔ Butter, 3 Eier. 2 P. Backpulver, werden zu einer dünnen Masse gerührt und sofort in eine vorgerichtete Springform gebracht und in den Backofen geschoben bei mäßiger Hitze gebacken. Über den Teig kann man vor dem Backen Stachelbeeren oder Kirschen streuen, oder man schneidet den Kuchen nach dem Erkalten in zwei Platten und bestreicht die untere Platte mit Maremlade oder Gelee und legt dann die obere Platte wieder darüber.

Rodon-Kuchen.

1 ℔ Mehl, 1/2 ℔ Zucker, 6 Eier, 1 P. Backpulver, 1/4 ℔ Rosinen, 1/4 ℔ Mandeln, 1/2 ℔ Butter etwas Salz eine Citrone, die Butter wird zur Sahne gerührt und das Eiweiß zu Schnee geschlagen.

Apfel-Torte.

1 ℔ Mehl, 4 Eier, 1 ℔ Zucker, 1/2 ℔ Butter. Die Äpfel werden in 4 Teile geteilt, und drauf gelegt mit Zucker bestreut.

Sträußel-Kuchen.

3 ℔ Mehl, 6-8 Eier, 1 ℔ Zucker, 1 gestrichenen Eßlöffel Salz, 1 Citrone oder 2 Fl. Citronenöl, 3/4 ℔ Butter, 3/4 ℔ Rosinen, 200 gr. Hefe. 1/4 l. Milch für die Hefe. Zum Sträußel rechnet man 1 ℔ Mehl, 1 ℔ Zucker, 1 ℔ Butter, 10 ₰ gestoßenen Zimmt. Diese Masse kommt auf eine bestrichene Backplatte. Bevor der Sträußel drauf kommt, wird der Teig mit Ei bestrichen.

Kastenstuten.

4 ℔ Mehl, 1/2 ℔ Schmalz, 1/2 ℔ Rosinen, 1/2 ℔ Zucker, für 20 ₰ Hefe, 3/4 l. Milch, 1 Eßl. Salz, eine Citrone, oder 2 Fl. Citronenöl.

Christ-Stollen.

4 ℔ Mehl, 2 ℔ gute Butter, 2 ℔ Zucker, 10 Eier, 1 1/2 ℔ Rosinen 1 ℔ große Rosinen und 1/2 ℔ kleine, 1 1/2 ℔ Corinthen 14 Loth feinstiftige süße geschnittene Mandeln, 14 Loth ebenso geschnittenen Citronat, 4 Loth feingestoßene bittre Mandeln. 2 abgeriebene Citronenschale und 100 gr. Hefe.

Torten-Boden.

1/2 ℔ Mehl, 2 Eier, 1/4 ℔ Zucker, 1/4 ℔ Butter und etwas Backpulver, etwas kaltes Wasser wird zu einem festen Teige verarbeitet, ausgerollt u. mit Obst belegt.

Christ-Brot.

4 ℔ Mehl, 1 ℔ Butter, 1 ℔ Rosinen, 1 ℔ Corinthen, 1 ℔ Zucker, 1/4 ℔ Mandeln, 1/4 ℔ Citronat, 4 Loth bittre Mandeln, 2 ganze Citronen, 8 Eier, 1/2 Liter Milch, 25 ₰ Hefe.

Stachelschwein oder Münchener Igel.

1 1/2 ℔ Mehl, 3/4 ℔ Butter, 3/4 ℔ Zucker, 6 Eier, 1 ganze Citrone. Diese Masse wird in einem länglichen Kasten gebacken. Nachher wird der Kuchen in zwei Platten geschnitten. Die untere Platte bestreicht man mit Mokkakrem, dann legt man die obere Platte (E) wieder darauf. Das Stachelschwein wird dann bestrichen mit Butterkrem und mit langstiftigen Mandeln verziert.

Butterkreme.

1/2 ℔ gute Butter, 1/2 ℔ Zucker, etwas Rum oder Likör.

Streußel.

400 gr. Mehl, 200 gr. Zucker, 250 gr. Butter.

Chokoladenkreme.

100 gr. Butter, 100 gr. Kakao und Zucker u. einige Tropfen warmes Wasser.
1 Paket Vanille.

Chakoladen-Guß.

1/2 " Chakolade, 1/4 " Zucker, 2 Eiweiß.

Mokkakrem.

200 gr. gute Butter, 200 gr. Zucker, 3 Eigelb.
Rum, Likör oder Arrack.

Kleine Kugeln.

1 1/2 " Mehl, 6 Eier, 3/4 " Zucker, 3/4 " gute Butter,
1 abgeriebene Citrone, 1/2 Eßl. Arrack, 1 Eßl. Zimmt.
Eier mit Zucker und Butter rühren,
Kügelchen in Knickerdicke davon machen.

Pudding-speisen

Warme Puddingspeisen.

Warmer Brot-Pudding.

1/2 ℔ Butter, 1/2 ℔ Mandeln, 180 gr. Korinthen und Rosinen, 1/2 ℔ Schwarzbrot, mit 4 Löffel Rum angefeuchtet, 12 Eier, Citrone, etwas gestoßenen Zimmt und Nelken, Citronat, 1/2 ℔ Zucker. Diese Masse bringe man in eine mit Butter und Zwieback ausgestrichene Blechform und lasse ihn 3 Stunden kochen.

Hiezu gibt man Chaudeau.

Chaudeau.

3/4 l. Wein, 8 ganze Eier, 1 ganze Citrone, Zucker nach Geschmack.

Warmer Brot-Pudding.

3/4 ℔ Butter, 1/2 ℔ Mandeln, 180 gr. Korinthen, 3/4 ℔ Schwarzbrot, 6 Eßlöffel Rum, 18. Eier 2 abgeriebene Citronen und Saft einen Eßlöffel Zimmt, einen Teelöffel Nelkenpfeffer, 1/4 ℔ Citronat, 3/4 ℔ Zucker. Die Butter wird zu Sahne gerührt, das geriebene Schwarzbrot wird mit 6 Löffel Rum angefeuchtet, das Eiweiß von 18 Eiern zu Schnee geschlagen. In Puddingform im Wasserkessel 3 Stunden kochen.

Chaudeau.

1 l. Wein, 12–14 Eier, 2 abgeriebene Citronen, Zucker nach Geschmack.

Warmer Griespudding.

3/4 l. Milch, 1/2 " Gries, 1/4 " Butter, 1/4 " Zucker, 10. bittre Mandeln, 2. ganze Eier, 1 abgeriebene Citrone, 4 Eidotter und das Eiweiß zu Schnee geschlagen, fülle diese Masse in eine mit Butter und Zwieback ausgestrichene Form. Die Form wird in einen Wasserkessel gesetzt, und 1 Std. gekocht.

Man gibt Chaudeau dazu.

Warmer Griespudding.

1 l. Milch, läßt man kochen, fügt 200 gr. Butter, etwas Salz, 200 gr. Zucker, 3/4 " Gries hinein fügt 3 ganze Eier hinzu und läßt die Masse erkalten, dann rührt man 5 Eidotter, die geriebene Schale einer Zitrone, 12 bittre, geriebene Mandeln, fügt den Schnee von 5 Eiweißen dazu, füllt den Pudding in eine Form, die mit Butter ausgeschmierst und mit geriebenen Zwieback bestreut ist, und kocht ihn 1 1/2 Stunde in einem Wasserkessel.

Dazu gibt man Chaudeau.

Pracher-Kuchen.

6 ℔ Äpfel werden gekocht mit wenig Wasser zugesetzt, dann 1 ℔ Zucker eine Stange Zimmt und etwas Äpfelwein, dieses läßt man erkalten. Dann nimmt man knapp ein ½ Schwarzbrot und 20 Zwiebäcke, reibt dieses auf einem Reibeisen. Das geriebene Schwarzbrot und Zwieback feuchtet man vorher mit Rum, Rothwein und Zucker an, dann legt man dieses alles schichtweise in Blechformen die vorher mit Butter bestrichen werden. Erst eine Schicht Schwarzbrot, einige Stücke Butter, dann Äpfel, nachmals Schwarzbrot, dann Zwieback und Mandeln darüber. Dieser Kuchen wird eine Stunde im Backofen gebacken.

Hiezu gibt man Schlagsahne.

Reisspeise.

Der Reis wird gar und ziemlich steif gekocht, dann kommen 6–8 Eier ein großes Stück Butter. 2 abgeriebene Citrone und Saft, oder 2 Tl. Citronenöl und Zucker hinzu. Man rechnet auf 2 ℔ Reis, 4 l. Milch, dann gibt man den Reis in eine mit Butter und Zwieback bestrichene Form, dann geriebener Zwieback und gebräunte Butter darüber, und im Backofen gebacken.

Man kann Himmbeersaft oder Chaudeau dazu geben.

Griesschnitten.

1 l. Milch, 200 gr. Gries, ein Stück Butter, 1/4 n Zucker, etwas Salz, diese Masse kochen lassen bis es ganz steif ist, aber fortwährend umrühren, sodaß dieses nicht ansetzt, fülle ihn in eine Schüssel, schneide ihn nach dem Erkalten in Scheiben, paniere sie in Ei und Paniermehl und backe sie in Butter und Schmalz auf beiden Seiten hellbraun und bestreue sie mit Zucker und Zimmt.

Arme Ritter.

Man quirle 2 ganze Eier mit etwas Milch und Zucker, weiche die Zwiebäcke darin auf und backe sie auf beiden Seiten, nachdem sie paniert sind hellbraun und bestreue sie mit Zucker und Zimmt.

Omelette.

3-4 Eigelb quirlt man mit etwas Milch und einem Eßlöffel Mehl etwas Salz und Zucker recht klar und mischt den Schnee darunter und bäckt in der Pfanne den Kuchen auf einer Seite schön braun und gar, füllt etwas Konfitüre auf die ungebackene Seite und klappt den Kuchen zusammen, bestreut ihn mit Zucker.

Äpfel - Auflauf.

1 ℔ Äpfel, 1/2 ℔ Mehl, 1/4 ℔ Zucker, 3 Eier, 1/2 Citrone, 1/2 Paket Backpulver, 1/8 ℔ Butter, 1/8 l. Milch.
Die Äpfel legt man in eine Form und gibt den Teig darüber. 1 Stunde backen.
Ebenso kann man auch Pflaumen dazu nehmen.

Äpfel mit Korinthen.

Man schneide die geschälten, von dem Kernhäusen befreiten Äpfel in Scheiben, durchmenge sie mit gestoßenem Zucker, Zitronenschale, Korinthen, etwas Wein, Wasser, Rum und dämpfe sie langsam weich.

Kalte Speisen

Wein-Krem.

1 Flasche Apfelwein, 8. Eier. 1 große Citrone, Zucker nach Geschmack, 8 Blätter Gelantine weiße. 10. Personen.

Wein-Krem.

1 Flasche Wein, 16 Eier, 2 Citronen u. Zucker.

Wein-Krem.

1 Flasche Apfelwein, 10 Eier 1 abgeriebene Citrone, mit Saft, Zucker, 1 Läffel Kartaffelmehl.

Wein-Krem.

3/4 l. Weißwein, 250 gr. Zucker 5 Eier, eine abgeriebene Citronenschale, 1/8 " Stärke mit Wasser angerührt. Man schlage dies alles in einem Topfe auf dem Feuer stark und ununterbrochen bis kurz vor dem Kochen, schütte es in einer Glasschale zum Erkalten.

Man gebe kleines Gebäck dazu.

Milch-Krem.

1/2 l. Milch mit einer Stange Vanille aufkochen lassen, dazu 4 Eidotter stark rühren, zuletzt 3–4 Blatt weiße Gelantine und den Schnee von 4 Eier.

Diverses. Kalte Speisen.

Citronen-Krem.

Auf eine Citrone kommen 4 Eier.
4. Eigelb, 4 Essl. Zucker werden 1/4 Std. gerührt, 4 Tafeln weisse Gelantine werden in heissem Wasser aufgelöst und hinzu gefügt. Sodann wird die Citrone abgerieben und der Saft hinein. Zuletzt der Eierschnee. Dieses wird alles gut verrührt und in Glasschalen gefüllt.
Hiezu gibt man Nürnberger-Lebkuchen.

Arack Krem.

Das Gelbe von 6 Eiern wird mit 100gr. Zucker verrührt, der Schnee der 6 Eier hinzu getan und 12 gr. Gelantine, die man vorher in einer kleinen Tasse Wasser auflöst. Der Krem wird lagenweise mit Arack eingeweichten Makronen in eine Schale gegeben und mit Schlagsahne verziert.

Chokoladen-Krem.

1/8 l. Milch, 1/4 " gute Chokolade, 1/2 loth Zimmt, Zucker nach Belieben. Die Milch mit 10 Eigelb und 1 Esslöffel guter Reisstärke gequirlt. Wenn die Chokolade kocht, dies hinein.

Apfelsinen-Krem.

Der Saft von 4 Apfelsinen und einer Citrone, 4 Eigelbe, 1 grosse Tasse Zucker, 8 Blatt Gelantine, rot und weiss, welche aufgelöst wird, und 1/4 l. Sahne werden gut zusammen verrührt. Kurz vor dem Gebrauch gibt man das zu Schnee geschlagene Eiweiss darüber.

Krem von Himbeersaft.

1½ l. süssen Rahm unter beständigem Rühren, ½ l. Himbeersaft, zuletzt 3 loth Gelantine rote, der in einer Tasse kochendem Wasser aufgelöst ist, hinzu und tüchtig geschlagen. Gibt die Masse in eine nasse Schale. Dieser Krem muss Tags zuvor gemacht werden.
Man garniert diese Speise mit kleine Makronen-Plätzchen.

Wein-Gelee.

1 Flasche Frucht oder Rotwein und soviel Wasser, das es 2½ l. ist. 1 ℔ Stampfzucker, Saft und Schale einer Citrone, 30-35 Blatt rote Gelantine. Diese Speise gibt man in Kristallschalen.
Man gibt Vanillensauce dazu.

Äpfel-Gelee.

750 gr. vorgerichtete und gewaschene gute, saure Äpfel werden mit ½ l. Wasser in einem Bunzlauer Geschirr ganz weich gekocht, durch ein Sieb gerührt und mit 40 gr. rote Gelantine welche in ¼ l. weißem Wein aufgelöst ist man vermischt, dann gebe man den Saft von zwei Citronen, 1 ℔ geriebenen Zucker und etwas Arack hinzu, lasse die Masse unter fortwährendem Rühren aufkochen und fülle sie in eine mit Mandel=öl ausgestrichene Form, das Gelee wird, vollständig erkaltet vor dem Gebrauch gestürzt, und ohne oder nach Belieben mit einer Vanillen Sauce gegeben.

Apfelsinen-Speise.

8 Eigelb werden mit 1/2 ℔ Zucker, 1/2 Stunde gerührt, dann von 2 Citronen den Saft und von einer die Schale dazu. 35 gr. Gelantine werden mit einer Tasse Weiß- oder Apfelwein aufgelöst und mit dem Schnee von den Eiern unter die Speise gemischt; Den Boden einer Glasschale belegt man mit überzuckerte Apfelsinenstücke und gießt den Kremm darauf.

Die Speise wird kalt gegessen.

Chokoladen-Speise.

1/4 ℔ Chokolade in Wasser geweicht, 25 gr. Cakao, 75 gr. Zucker, 50 gr. Mondamin, 1/2 L. Milch. Die Chokolade und Cakao mit Milch kochen lassen. Mondamin auflösen unterrühren und kochen lassen 10 Min. Zuletzt der Zucker, dann schüttet man ihn in eine Form.

Vanillensauce dazu.

Götter-Speise.

Dicke süße Sahne und Vanille, Zucker wird zu Schlagsahne geschlagen, ebensoviel geriebenes Schwarzbrot wird mit Zucker, Cakao, Rotwein vermischt und mit Rum angefeuchtet, und beides lagenweise mit Gelee in eine Schüssel garniert.

Errötendes Mädchen.

4 Eiweiß 4 Löffel eingemachte Preißelbeeren, 4 Löffel Zucker, 2 Tropfen Citronenöl, dies wird alles so lange gerührt bis alles ganz steif ist, dann mit einer Vanillensauce gegeben.

Reis a. la. Malta.

Der Reis wird tüchtig gewaschen, und zugesetzt bis er kocht und wierderholt abgespült, und auf ein Sieb ablaufen lassen. Dann werden 2 Citronen, 3 Apfelsinen ausgepreßt, 1 ℔ Zucker und 3 Tassen Weiß-Wein hinzu. Dieses bringe man in einen Kochtopf auf dem Feuer und langsam kochen lassen, bis es etwas gebunden ist, dann fülle man den Reis hinzu und stelle den Topf beiseite bis der Reis weich ist; Die Masse wird kalt gestellt, kurz vor dem Gebrauch auf Schüsseln garniert mit Apfelsinen und Gelee.

Rum-Pudding.

1/2 ℔ Zucker wird mit 7 Eidotter gut verrührt und 1/2 abgeriebene und ausgepreßte Citrone dazu gegeben. Dieses tüchtig schlagen, 1 gute halbe Tasse Rum, 7 Blatt rote mit etwas Wasser auf dem aufgelöste Gelantine hinzu und den steifen Schnee der 7 Eiweiß. Ebenfalls gut schmeckt es man nimmt statt des Rums eine 1/2 Tasse Punsch. Dann aber weiße Gelantine.

Der Pudding kommt ohne Sauce mit Backwerk zu Tische.

Rühr - Pudding.

8 Eier, 1/3 ℔ Zucker, Saft von 2 Citronen, 2 Loth Gelantine, 1 große Tasse 1/2 Wein, 1/2 Wasser.
Eidotter und Zucker werden 1/2 Stunde gerührt, dann die in Wein und Wasser aufgelöste Gelantine langsam hinzugegeben, zuletzt das zu Schnee geschlagene Eiweiß leicht durchgerührt.

Die Form muß mit feinem Öl ausgestrichen werden.

Pudding von Eiweiß.

1 l. Milch, 1/4 ℔ gute Eßstärke, reichlich 2 Eßlöffel Zucker, Vanille, Eiweiß, je nachdem man hat. Das zu steifen Schnee geschlagene Eiweiß wird gut durch die Masse gerührt, damit sie locker wird.

Sago - Pudding.

160 gr. Sago wird mit 1 1/2 l. Milch und 1/2 Stange Vanille, 1/2 Stunde gekocht, dann fügt man Zucker und Salz nach Geschmack hinzu, rührt 4 - 6 Eidotter tüchtig mit etwas Milch und fügt es hinzu, und darnach das zu Schnee geschlagene Eiweiß.

Chokoladen-Pudding.

1 l. Milch, 30 gr. Gelantine, 100 gr. Cakao, 200 gr. Zucker, 1/2 Stange Vanille. Milch läßt man mit der Vanille kochen und rührt den Cakao mit ein wenig Milch davon an, schüttet es in die kochende Milch und zuletzt die weiße Gelantine in kochendem Wasser hinzu.

Mokka-Pudding.

1/2 l. Vanillensauce 5-6 Blatt weiße Gelantine heiß auflösen, dann hinzu, 1 Löffel Kaffee auf 1 Tasse aufbrühen. Wenn die Masse dicklich wird, dann den Schnee der 4 Eier unterrühren oder 1/4 l. Schlagsahne auch einige Makronen hinzu.

Lachs-Pudding.

8-9 Blatt Gelantine rot und weiß aufgelöst, 4 Eier, das Weiße zu Schnee geschlagen. Arrack und Zucker nach Belieben.

Man gibt Sahne darüber.

Makronen-Pudding.

30 g Makronenzwieback in Milch geweicht und klein stoßen, 6 Eidotter, 1 Stich Butter, reichlich Zucker, 1 Prise Salz, Eiweiß zu Schnee schlagen und später unterrühren. Zu unterst eine Lage Obst. Vanillensauce dazu.

Wippelfritz – Wackelpeter. und Schlapperha

1 Flasche Apfelwein, stark 1/4 l. Wasser, 3/4 ℔ Zucker, 12 Blatt rote Gelantine, 1 Citrone.

Die Gelantine legt man 1/2 Stunde vorher in kaltes Wasser, löst sie dann auf. Läßt sie durch kochen und gibt sie dann zu der oberen Masse, die aber erst gekocht sein muß. Rührt sie dann gut durcheinander, gibt es in eine Glasschüssel und stellt es ruhig bis zum andern Tage hin.

Man gibt Vanillensauce dazu.

Vanillen-Krem.

1 l. Milch und 1 Stange Vanille läßt man aufkochen, dann wird etwas Reisstärke mit kalte Milch angerührt, dieses hinein, Zucker nach Geschmack. Diese Masse läßt man zusammen aufkochen, die Speise muß etwas erkalten, dann mit 4 Eigelb abziehen. Ehe man die Speise anrichtet fügt man den Schnee von 4 Eiweiß und 1/2 l. fertige Schlagsahne darunter.

Die Speise serviert man auf einer großen runden Schüssel. Zuerst Vanillen-Krem, Pfirsiche in Conserve dieselben bestreicht man mit Erdbeer Confitür.

Hierzu gibt man kleines Gebäck, sog. Mandelgebäck.

Stand-Pudding.

Von: Milch, Zucker, Eier, Schlagsahne, Makronen, Kirschen, Gelantine;

1 l. Milch, Zucker nach Belieben kochen lassen, 4 Eigelb gut verrühren, hinein, 7-8 Blatt weiße Gelantine in heißes Wasser auflösen, dieses gut miteinander verrühren, etwas erkalten lassen; 1/2 l. Schlagsahne und ausgekernte Kirschen kommen hinein. Die Puddingform mit feines Salatöl bestrichen und mit kleine Makronen belegt, und die Masse darüber.

Diese Form wird in den Keller gestellt, und kurz vor dem Gebrauche gestürzt.

Mandelpudding mit Möhren.

12 Eidotter werden mit 1 & Mandeln, 1 & Zucker, 1 & geriebene Möhren, tüchtig 1/2 Stunde verrührt, 60 gr. Mehl und zuletzt den Schnee. Man löst 12 Blätter rote Gelantine in 1/4 Liter Weißwein auf, rührt sie mit 1/2 l. Himbeersaft, die Schale einer ganzen Citrone und den Saft einer ganzen Citrone, sowie 50 gr. Zucker, so lange bis die Masse anfängt dicklich zu werden. Dann vermischt man sie mit dem Schnee von 6 Eiweiß und füllt sie in Glasschüsseln.

Dazu Vanillensauce.

Vanillensauce.

1 L. Milch, 1 Stange Vanille, 6 Eier, Zucker nach Geschmack. Die Milch läßt man mit Vanille aufkochen, dann Zucker. Man rührt einen Eßlöffel Mandamin mit kalte Milch an, dieses hinein und zuletzt die gequirlten Eier.

Brotpudding mit Rosinen.

Zutaten: 125 gr. altes Schwarzbrot, 100 gr. Butter, 4 Eigelb, 100 gr. Zucker, 75 gr. Korinthen und Sultaninen, etwas Nelken, Zimmt, Kardamon, Zitronenschale und Salz, 3 Eßlöffel Rum.

Zubereitung:

Das Brot wird gerieben und gesiebt. Danach reibt man die Butter zu Sahne, gibt Eigelb, Zucker, Korinthen usw. dazu, mengt unter fleissigem Rühren Brot und Rum dazwischen, zieht zuletzt den steifen Schnee von 4 Eiweiss darunter und kocht den Pudding 2 - 2½ Stunde in einer mit Butter bestrichenen Form.

Rotwein, Obst oder Chaudeausauce.

Deutsche Schrift

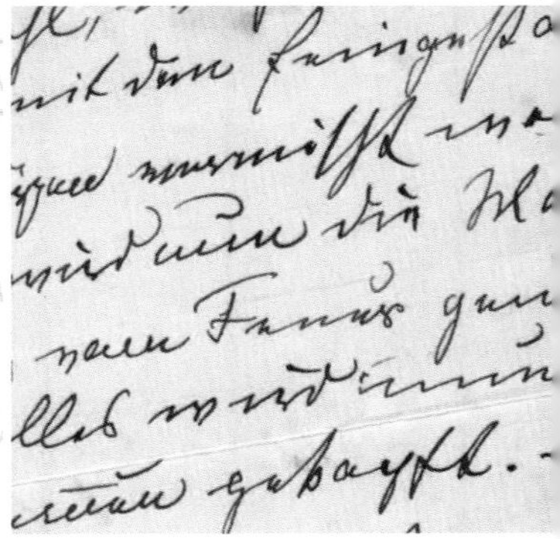

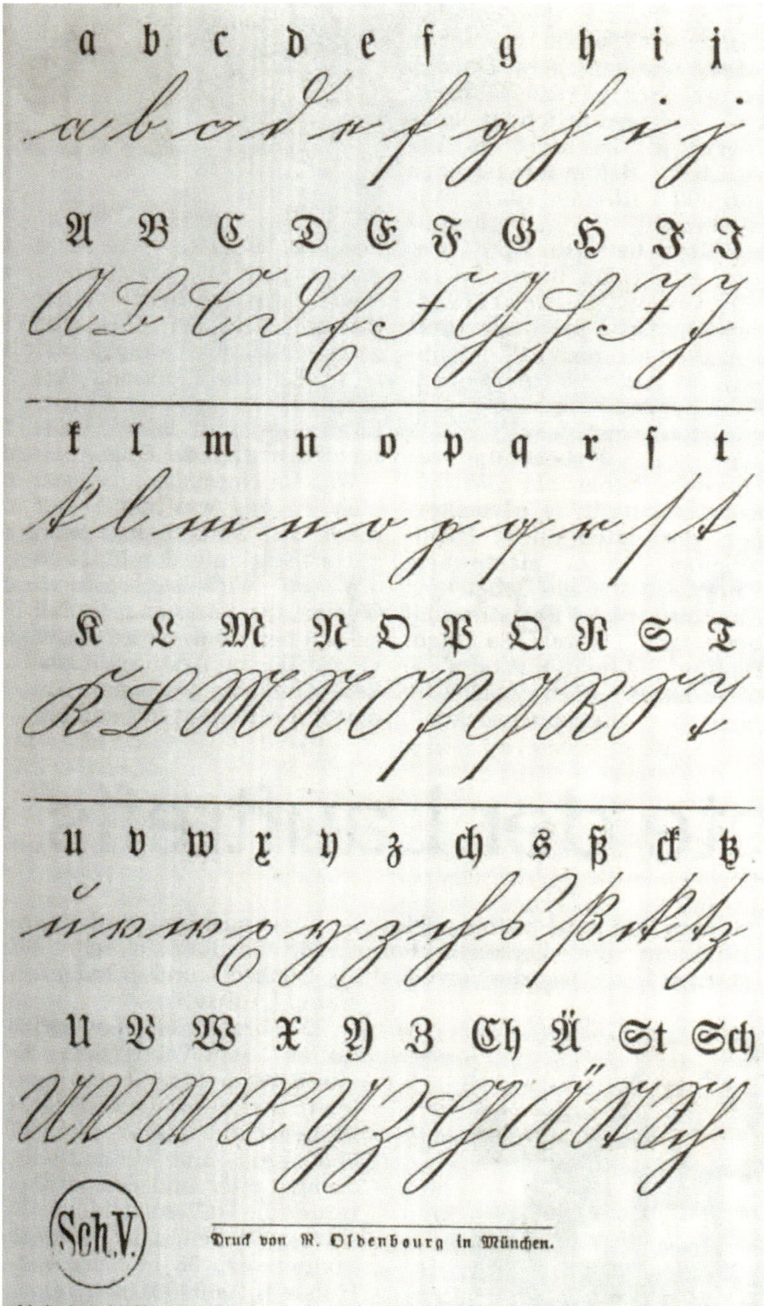

Alphabet in Fraktur-Druckschrift (die jeweils oberen Zeilen) und Kurrent-Schreibschrift um 1900
Repros (2) Feist

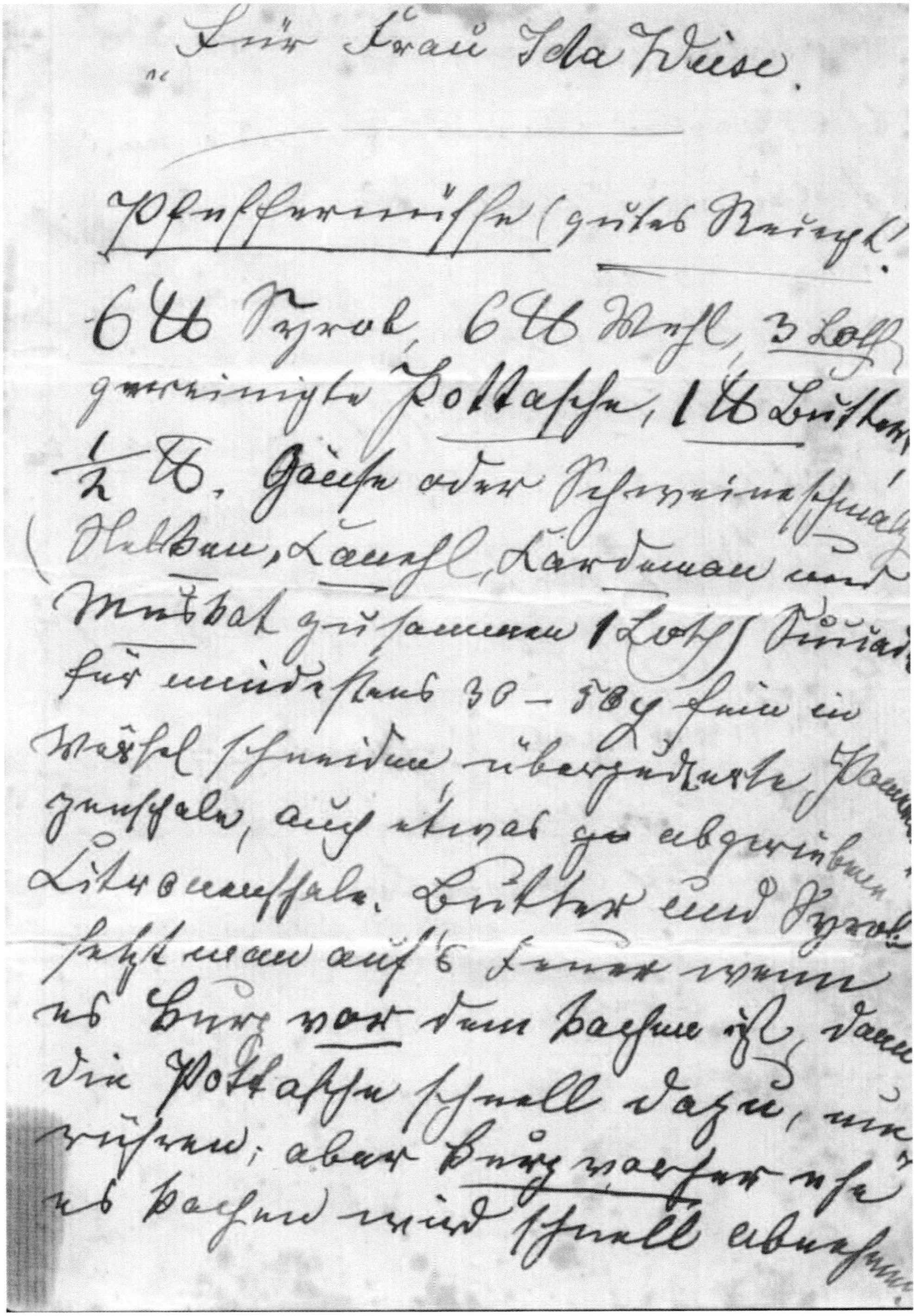
Für Frau Ida Weise.

Pfeffernüsse (gutes Rezept!)
6 ℔ Syrup, 6 ℔ Mehl, 3 Loth gereinigte Pottasche, 1 ℔ Butter, ½ ℔. Gänse oder Schweineschmalz (Nelken, Zimmt, Kardamom und Muskat zusammen 1 Loth) Succade für mindestens 30–50 Pfg fein in Würfel schneiden, überzuckerte Pomeranzenschale, auch etwas abgeriebene Citronenschale. Butter und Syrup setzt man auf's Feuer wenn es kurz vor dem Kochen ist, dann die Pottasche schnell dazu, umrühren; aber kurz vorher ehe es kocht und schnell abnehmen

Das Mehl, welches in einer Schale
vorher mit dem feingeschabten
Gewürze vermischt worden ist
dazu werden nun die Masse gegossen
welche vom Feuer genommen
ist. Alles wird nun tüchtig
zusammen gebracht. Dann die
Masse fest mit einer Serviette
zugedeckt und einen Tag ruhig
stehen lassen!
Die weitere Behandlung versteht
ja Ihr Mann und können Sie
ihn ruhig anvertrauen!

Beste Grüße und ein fröhliches
Fest wünschen wir Ihnen!!

F. Landgraf geb. Keilig

Zimtsterne

4 Eiweiß werden zu steifem Schnee geschlagen 300 Gr. Zucker darin durchgerührt davon 3-4 Eßlöffel voll zur Glasur beiseite gestellt. Man gibt dann 250 Gr. geriebene Mandeln 30 Gr. gestoßenen Zimt und etwas fein geschnittene Zitronenschale dazu rollt den Teig fingerdick aus sticht Sterne aus glasiert sie und bäckt sie bei mäßiger Hitze.

Blätterteig.

1/2 Pfund Mehl 1/4 Pfund Butter 3 große Eßlöffel Wasser 1 Kaffeelöffel Salz alles gut durchrühren und kneten. Eine viertel Stunde ruhen lassen. Dann einmal ausrollen.

Spekulatius.

3 1/2 Pfund Mehl 2 Pfund Zucker 2 Pfund Butter 3/4 Pfund geriebene Mandeln 4 ganze Eier 1 Teelöffel Zimt etwas geriebene Zitrone 1 Tasse Milch.

...das waren die „reichhaltigen" Jahre,
dann kamen die „mageren" Jahre ! ...

Also Lütt, denkend draan, wenn de „Völlerei" weer aanbreckt. Freten es twar wat Herrliges -awwer schmeiten, hie on do, soll ok nich grad ongesond sin!

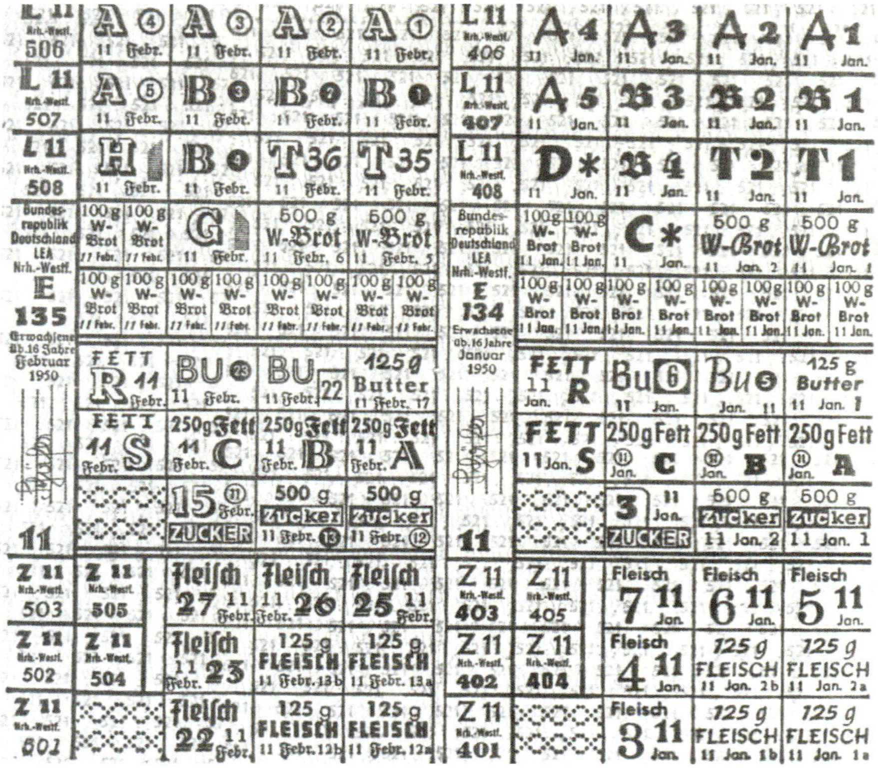

über 20

Zur Beachtung.

Drahtheftung erst entfernen, wenn die Vollständigkeit des Kartenpäckchens — sofort nach dem Empfang — nachgeprüft ist. Bei Beanstandungen Drahtheftung nicht entfernen.

Beanstandungen werden nicht berücksichtigt, wenn die Drahtheftung beschädigt oder entfernt ist.

Um das Kartenpäckchen zu öffnen, ist es zweckmäßig, die Enden der Drahtheftung auf der Rückseite hochzubiegen und die Klammer aus dem Päckchen zu entfernen. Karten nicht herausreißen, da hierdurch Abschnitte oder Bestellscheine beschädigt werden.

Die Abgabe der Bestellscheine an die Einzelhändler, Metzger usw. hat in der Woche vom 5. bis 10. Januar 1942 zu erfolgen. Spätere Abgabe hat Kürzung der Lebensmittelration zur Folge.

Damit die ordnungsmäßige Zustellung der Lebensmittelkarten gesichert wird, ist zu beachten, daß jede Veränderung (Zuzug, Wegzug, Geburt, Tod, Einberufung zur Wehrmacht, zum Arbeitsdienst usw. oder Entlassung, Änderung eines Untermieterverhältnisses u. ä.) sofort zur Kenntnis der zuständigen Bezirksstelle des Ernährungsamtes zu bringen ist. — Es ist also neben der polizeilichen (bzw. standesamtlichen) An- und Abmeldung auch die An- und Abmeldung bei der Verteilungsstelle notwendig.
Bei Aufnahme in ein Krankenhaus oder eine sonstige Anstalt sind sämtliche Lebensmittelkarten dieses Päckchens dem Krankenhaus bzw. der Anstalt abzuliefern.

Zuwiderhandlungen sind strafbar.

Bei Luftalarm sind die Lebensmittelkarten in die Luftschutzräume mitzunehmen.

Nachwort

„Roemryke Berge!“ - Bergisches Land, unverwechselbar die Täler und Höhen, die gefälligen Häuschen mit Schieferbekleidung, die Talsperren, eine Vielzahl von Burgen, Brücken und Kirchen, das alles zeigt die Wupper in ihrem Verlauf in landschaftlicher Schönheit, eingebettet in Bergische Wälder.

An manchem Abend wird Dir Mörike einfallen: „Gelassen stieg die Nacht ans Land, lehnte träumend an der Berge Wand...“

„Bergische Gastlichkeit“ ist ein Begriff, differenziert zwischen luxuriösen Restaurants im alten und neuen Stil, wie auch die Vielzahl der gut „Bürgerlichen“.

Spezialitäten wie
„Bergischer Kaffee“
„Burger Brezel“
„Pillekeskoke“
„Pannas“

sind nicht wegzudenken.

Kindertage, Du riechst den leckeren Duft von Rosinen und Zucker, wenn die Bratäpfel schmorrten.
Beim „Ärpelpellen" verbrannte man sich die Finger, das Wettessen, wenn's Reibekuchen mit Rübenkraut oder „Pillekuchen" gab.
An die alte, gute Stube, das Kirschbaumbüffet, den großen Ohrensessel mit Spitzendeckchen, das Chaiselongue, das Gemisch von Eau de Cologne und Mottenpulver.

Gute alte Zeit...? Nicht immer und auch nicht in Beyenburg.

Und dennoch - werden sich viele gerne erinnern - egal, wo die Welt sie aufgenommen hat:

„Wo die Wälder noch rauschen, die Nachtigall singt..."

Auch dieses Büchlein bleibt Stückwerk, der Reiz liegt nicht in Allerweltsrezepten, sondern die ursprüngliche Küchentradition wiederentdecken und für unsere Kinder zu erhalten.

Meinem Sohn Daniel danke ich für die unermüdliche Mitarbeit und hilfreiche Unterstützung.

Edeltraud Kepper-Pleger

Damit Sie die leckeren „Pfeffernüsse“ nachbacken können, haben wir Ihnen das Rezept von S.145 „übersetzt“:

Pfeffernüsse (gutes Rezept!)

6 Pfd. Sirup,
6 Pfd. Mehl,
3 Lot gereinigte Pottasche,
1 Pfd. Butter,
½ Pfd. Gänse- oder Schweineschmalz (Nelken, Kaneel, Kardamom und Muskat zusammen 1 Lot) Sukkade mindestens 30–50 g fein in Würfel schneiden, überzuckerte Pomeranzenschale, auch etwas abgeriebene Zitronenschale.

Butter und Sirup setzt man auf's Feuer, wenn es kurz vor dem Kochen ist, dann die Pottasche schnell dazu, umrühren, aber kurz vorher, ehe es kochen wird, schnell abnehmen.

Das Mehl, welches in einer Schale vorher mit den feingestoßenen Gewürzen vermischt worden ist – dazu wird nun die Masse gegossen – welche vom Feuer genommen ist.

Alles wird nun tüchtig zusammen gestampft.

Dann die Masse fein mit einer Serviette zugedeckt und einen Tag ruhig stehen lassen!

Die weitere Behandlung versteht ja Ihr Mann und können Sie ihm ruhig anvertrauen.

Beste Grüße und ein fröhliches Fest wünschen wir Ihnen!

Notizen

Ansicht der Papierfabrik Erfurt
von der Wupperseite um 1907

Helga, Edeltraud und Reinhard Kepper
im Kindes- und Jugendalter 1948

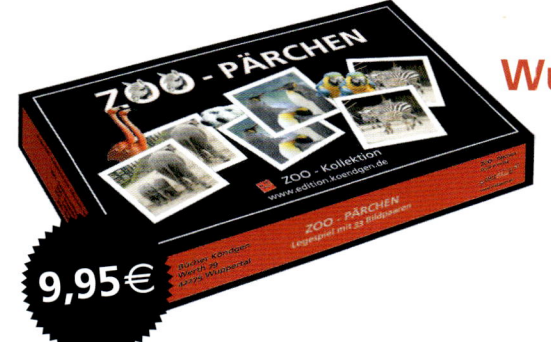

Bücher Köndgen
www.koendgen.de
Seit über 85 Jahren
in Barmen!
Ihre persönliche Buchhandlung vor Ort.
Wuppertal Barmen
Werth 79
(02 02) 248 00-50
Bücher Köndgen @ Uni
Mensagebäude Me-03
(02 02) 439-28 75
Schwelm
Haupstraße 56
(0 23 36) 186 82